象徴天皇「高齢譲位」の真相

所　功
Tokoro Isao

ベスト新書
541

まえがき

この新書は、今上陛下（83歳）が6年ほど前から決心された「高齢を理由とする譲位」（これを「高齢譲位」という）の御意思に関する私なりの考えをまとめたものです。

まずプロローグにおいて、今夏明らかになった陛下の御意向が、いかに重大な問題提起であるかを説明しました。次に第一章では、7月にＮＨＫが報じた「生前退位のご意向」を全文引用しながら、その意味を詳しく読み解きました。続いて第二章では、8月に放映された「お言葉」を全文引用しながら、その真意を可能な限り解き明かしました。

一方、第三章では、現行憲法に定める「象徴世襲天皇制度」の全容について具体的な解決を試みました。ついで第四章では、現行の「皇室典範」により規制されている皇室制度について、来歴と問題点を明らかにしました。さらに第五章では、現行の憲法と典範のもとで「象徴天皇の高齢譲位」を実現する方法と今後の課題について論じました。その上でエピローグにおいて、次の御代の初めに予想される諸儀式の在り方などを展望しました。

本書が真相の解明に多少とも役立てば幸いです。

平成28年（２０１６）11月7日　　有識者会議ヒアリングに上京の朝

目次

第二章　「天皇陛下のお言葉」を読み解く

第三章　憲法の規定する象徴世襲天皇

第四章　皇室典範に規定された皇室制度

第五章　高齢譲位の実現方法と残る課題

図版製作／野澤由香

【現在の天皇と主な皇族】(敬称略)

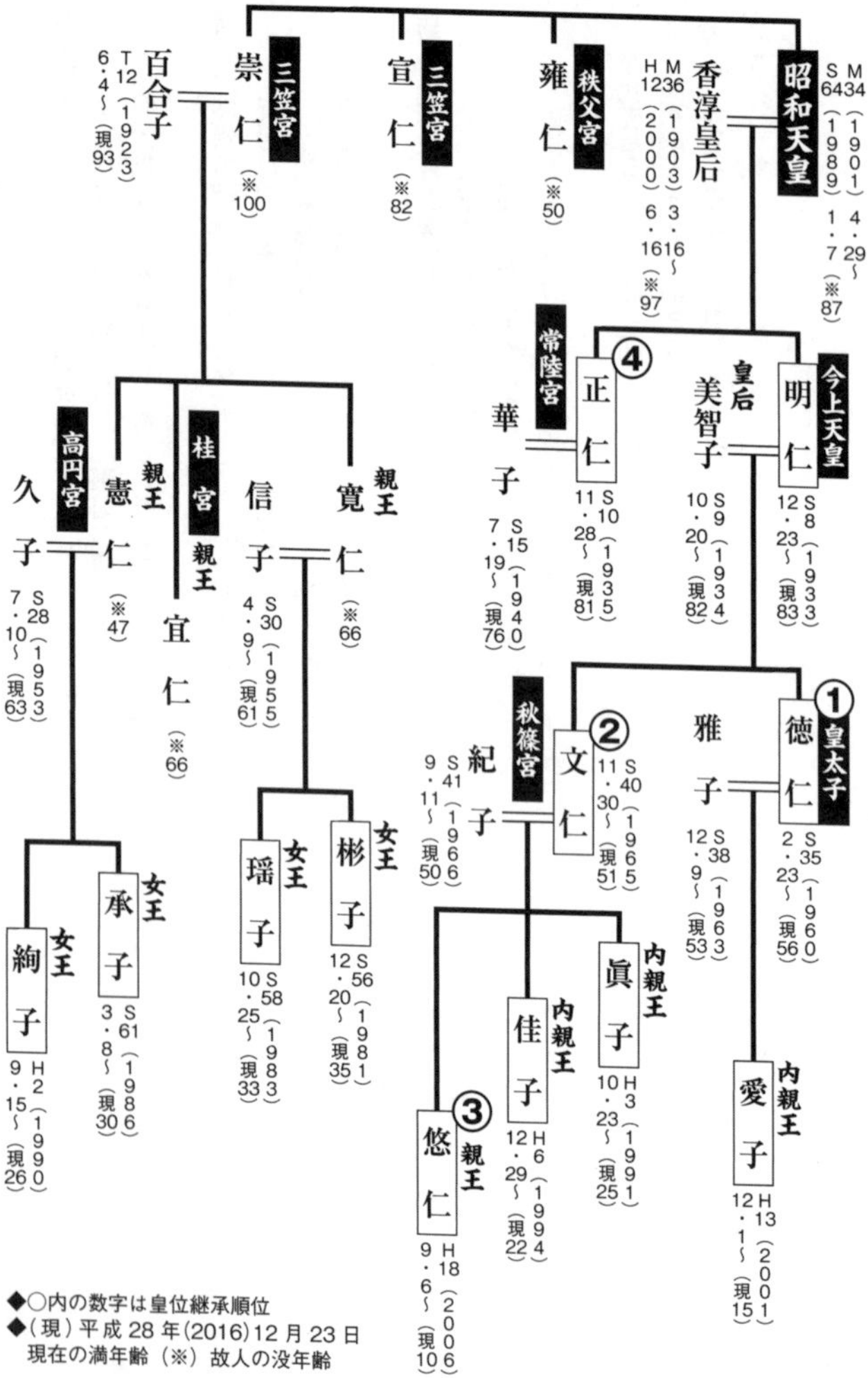

◆○内の数字は皇位継承順位
◆(現)平成28年(2016)12月23日
現在の満年齢 (※)故人の没年齢

一　「生前退位」の特報と「お言葉」

研究会の最中にビックリ仰天

その出来事は、今年（平成28年）7月13日に起きました。

当日、私は毎月第三水曜日夕方から新宿の麗澤大学東京研究センターで開いている2つの研究会（平安時代の村上天皇御日記逸文の講読と江戸時代の後桜町女帝宸筆《しんぴつ》御日記を解読する有志のセミナー）に出ていたところ、午後7時15分頃、携帯電話（ガラケー）に娘からLINEが入ってきたのです。

「NHKのニュースで、天皇陛下が〝生前退位〟のご意向……とか言ってるよ。これ、大変なことなんでしょ」

一瞬、我が目を疑い、研究会場を抜け出し、娘に電話で大要を聞き直しました。まさにビックリ仰天。部屋に戻って研究仲間に核心を伝えたところ、それぞれに手持ちのスマホやパソコンでニュースを確かめ、事の重大さに驚きながら、しばらく語り合いました。

すると、まもなくいろいろな新聞社やテレビ局から携帯に電話やメールが入り、ニュースに対する所感を求められました。そこで、やむなく研究会を打ち切り、むしろ私から各記者に事情を尋ねた上で、可能な限りのコメントを返し続けました。こんな経験は滅多にありません。

そして夜9時、新宿駅より小田急線の特急に乗った途端、ＮＨＫから電話があり、なんとか渋谷の本局まで来てほしいとのこと。仕方なく町田から折り返し、出迎えの記者からニュースの全文を見せてもらい、若干の説明を受けました。

その内容は、陛下の御意向を承けて十分に練ったものと信じて差し支えない、と考えられました。そこで、いくつかの質問に答えたところ、最初の部分だけ、翌14日朝7時のニュースに使われました。念のため、以下に引用します（一部補足）。

現行の日本国憲法に定められる象徴天皇制度が継続していくための、最も根本的で重大な問題提起をされたことになります。近代現代の皇室制度は、明治時代（１８８９年）制定の『皇室典範』により形作られ、それが戦後（１９４７年）施行の現行典範に引き継がれています。しかし、当時は予見できなかった、高齢化・長寿化が（皇室でも一般でも）急速に進行していますから、二十一世紀の現実にそぐわない制度の改革（典範の改正など）は、そろそろしなければなりません。今こそ数十年先を見越した議論が必要です。とはいえ、そんな改革もプラスとマイナスがありますから、それをしっかり調べ確かめて、よりベターな結論を出せるように、努力することが望まれます。

この段階では、まだ情報の検証が十分でありませんでしたから、やや控えめの所感に留めました（夜分に取材を受け、翌14日、日本経済新聞や京都新聞などの朝刊に載ったコメントも同様）。しかし同日の朝刊は、全紙同様にＮＨＫの第一報を追認し、その実施への予測まで論じ始めています。

そこで、私はこの天皇陛下による重大な問題提起を真剣に議論するところとして、かつて小泉内閣や野田内閣が立ち上げた「皇室典範」「皇室制度」改正有識者会議のような臨時の寄せ集めではなく、すでに70年前から常置されている「皇室会議」の場こそふさわしい、という見解を複数の記者に話したところ、翌15日、毎日新聞や、読売新聞などの朝刊に、かなり詳しく掲載されました。その論旨は、後述することにします。

ビデオによる「お言葉」に感銘

このNHKによる第一報の全容は、第一章で仔細に読み解きますが、その冒頭で次のように明言されていることに、あらためて驚きました。

「天皇陛下が天皇の位を生前に皇太子に譲る〝生前退位〟のご意向を、宮内庁の関係者に示されていることが分かりました。数年以内の譲位を望まれているということで、天皇陛下自身が、広く内外にお気持ちを示す方向で調整が進んでいます」

すなわち、天皇陛下（これ以降、現在の天皇を的確に示す「今上《きんじょう》陛下」と記すことが多い）は、「生前退位のご意向」を以前から「宮内庁関係者に示されている」こと、さらに「陛下自身が、広く内外にお気持ちを示」されることまで予告されていたのです。

その「お気持ち」表明は、いつどんな形で行われるのか心待ちしていたところ、参議院の選挙が終わり、リオデジャネイロ・オリンピックが始まって間もない8月8日、ビデオに収録されたメッセージが、全テレビ局から一斉に放映されることになったのです。

その当日、私はNHKの依頼を受けて、午後2時半から4時半までの特別報道番組に、

NHK「生前退位に関する世論調査」(単純集計結果)

Q1

あなたは、制度を改正して、「生前退位」を認めたほうがよいと思いますか。それとも、認めないほうがよいと思いますか。

1. 認めたほうがよい——————84.4%
2. 認めないほうがよい—————— 5.2%

Q2 (Q1 の 1401 人に)

制度の改正は、どのような方法が望ましいと思いますか。次に読み上げる2つの中からお答えください。

1. 皇室典範を改正して今後すべての天皇が「生前退位」できるようにする—70.3%
2. いまの天皇陛下に限って「生前退位」を認める特別法を作る—4.5%

Q3 (Q1 の 1401 人に)

では、制度の改正は、なるべく早く行うべきだと思いますか、それとも、時間をかけて慎重に行うべきだと思いますか。

1. なるべく早く行うべきだ——————68.9%
2. 時間をかけて慎重に行うべきだ——————27.7%

Q4

あなたは、皇室について、どの程度関心がありますか。

1. 大いに関心がある——————20.4%
2. 多少は関心がある——————55.2%
3. あまり関心がない——————17.7%

Q5

あなたは、皇室に対して親しみを感じていますか。それとも感じていませんか。次に読み上げる4つの中からお答えください。

1. とても親しみを感じている——————22.8%
2. ある程度親しみを感じている——————50.8%
3. あまり親しみを感じていない——————18.3%
4. まったく親しみを感じていない—————— 3.7%

Q6

今の天皇陛下が即位して28年になりますが、この間に、皇室と国民との距離は近くなったと思いますか、それとも遠くなったと思いますか。

1. かなり近くなった——————43.1%
2. やや近くなった——————36.1%
3. 変わらない——————13.5%

※ NHK 放送文化研究所:RDD 追跡法(WEB 公開)
調査:平成 28 年 8 月 26 ~ 28 日、全国 18 歳以上 2729 人(回答率 60.8%)

今上陛下と親交のある音楽家（文化功労者）の堤剛さんとゲスト出演しました。そして、ちょうど3時から約11分にわたり「象徴としてのお務めについての天皇陛下のお言葉」を、しっかり拝聴することができました。

あの穏やかな御表情で、ゆっくりと読み上げられたビデオメッセージには、おそらく大多数の視聴者が深い感銘を覚えられたことでしょう。私も同様でしたので、司会のアナウンサーから感想を求められたとき、手短に次のように述べたと記憶しています。

（今上）陛下が、ここまで国のこと、国民のこと、将来のことを本当に深くお考えになられ、この30年近くをお務めくださったこと、またそれを将来にわたり続けていくにはどうしたらいいか、考えに考え抜かれて、このようなお言葉になっているのだと思われ、大変に心打たれました。

ついで「お言葉」のうち、特に注目すべき部分を抜き書きしたパネルを見ながら、社会部デスクの解説があり、その都度意見を求められましたが、それぞれに感ずることが多く、うまく受け答えができませんでした。しかも、後に全文を繰り返し拝読して、今上陛下の切実な「お気持ち」に、従来ほとんど思い至らなかった不明を今更ながら恥じ入るほかありません。この全文は第二章に引用して、自分なりの読み解きを試みます。

二　象徴天皇とは何か、なぜ譲位なのか

「親の心、子知らず」の反省

私は昭和16年（1941）12月の生まれで、いわゆる戦後教育を受けて育ちましたから、小中学生のころ皇室に関心を持ったことはほとんどありません。ただ、高校に入った昭和32年（1957）の4月早々、郷里の近く（岐阜県西濃の揖斐川町谷汲）で「全国植樹祭」があり、当時の天皇陛下（56歳）と皇后陛下（54歳）を興味半分で見に行き、なぜかいたく感動したことがあります。

また、大垣北高時代に、皇室尊敬の念が篤い社会科の若い稲川誠一先生と出会い、その影響を受けて歴代天皇に関する書物を好んで読み始めました。その上、三年生（昭和34年）の4月、皇太子殿下（26歳）と美智子妃殿下（25歳）の御結婚式があり、翌年2月、浩宮さまが誕生され、日本全体が奉祝ムードに包まれたことを、よく覚えています。

ところが、その昭和35年（1960）4月、名古屋大学へ進んだ私は、6月ころピークに達した安保騒動に驚き、そのうえ『中央公論』12月号に載った小説を図書館で読み、非常にショックを受けました。

それは、深沢七郎氏の『風流夢譚』という短篇ですが、夢の形を借りているとはいえ、東京で暴力革命が起き、「天皇と皇后」も、「皇太子と皇太子妃」も殺され、それを見て「労働者たち」があざ笑うという、グロテスクな作品です。

それは直ちに社会問題となりました。それから私は、「もし本当に皇室がなくなったら日本はどうなるのか。天皇とは自分にとって何なのか」と考え込み、手あたり次第に憲法の注釈書などを読み漁りました。しかし当時は「天皇制」を否定するか無視する論著が多く、途方に暮れていました。

そこで、それなら自分自身で、確かな史資料を調べ、納得のいく答えを見つけるほかあるまい。そう思いついてから半世紀あまり、皇室に関する歴史と現状に強い関心を持ち続けてきました。そんな私でも、今上陛下の深い「お気持ち」を、あらかじめ読み取ることができませんでした。もし天皇を国の親にたとえるならば、まさに「親の心、子知らず」と反省せざるを得ません。

日本国憲法と皇室典範を見直す

そこで、現行の「日本国憲法」に規定されている象徴天皇とは何か、改めて考える必要があります。この問題について、私は社会人になってから、少なくとも3回、かなり立ち入って調べたことがあります。

その1回目は、昭和50年（1975）4月から文部省（今の文部科学省）に転勤して半年後、昭和天皇（74歳）と香淳皇后（72歳）が、アメリカを歴訪して帰国された際、あるテレビキャスターが「象徴天皇は元首でも君主でもない」というのを聴いて、そんな断定はできないと思い、ある新聞に短い批評を書きました。すると日教組新聞や共産党の機関紙「赤旗」に、「文部省の教科書調査官が皇国史観の違憲論文」などと、激しく書き立てられたのです。

そこで私は、国会図書館に通い、憲法の解説書を百冊近く調べ尽くし、再反論を書こうとしましたが、親切な上司に止められ、泣き寝入りしたことがあります。

ついで2回目は、京都産業大学へ移って数年後、昭和の終わりから平成の初めにかけて、密かに進められた年号改元の準備過程で少し相談を受け、改元当日それをＮＨＫから特別報道する際の解説を担当しました。それに続く「大喪の礼」と翌秋挙行された「即位の礼」の在り方をめぐる協議と報道にも、かなり深く関わりました。

それは現行憲法のもとで、「元号法」と「皇室典範」に基づいて、皇位継承に伴う改元や儀式を、どうしたら象徴世襲天皇制度にふさわしいように実施できるかを、関係者たちと議論しながら、現実的に表現する試練の経験となりました。

さらに3回目は、平成17年（２００５）の初めから、小泉内閣が立ち上げた「皇室典範に関する有識者会議」で、日本法制文化史の研究者として、意見の公述を求められました。それは当時、現行典範が定める皇位継承の可能な「皇統に属する男系の男子」として、皇太子殿下（当時45歳）と秋篠宮殿下（当時40歳）以外に若い皇族男子が居られない状況であったため、将来的に女性天皇も女系（母系）天皇も女性宮家も容認する方向で進められました。私も熟慮の上、それに概ね賛意を表明したのです。

従って、このような機会に、古代以来の史資料も、現行の憲法と典範も可能な限り調べました。とはいえ、今上陛下が80歳代に入られるよりも前から「生前退位」（正しくは「高齢譲位」）の決心を固めておられた、というようなことは、全く気づき得ませんでした。それゆえ、今回改めて、憲法と典範の定める象徴世襲天皇を中核とする皇室制度について学び直し、その主要な規定の本義の問題点を、第三章と第四章で解説します。

終身在位でなく、高齢譲位という選択

それにしても、今上陛下が現行法による終身退位ではなく、高齢化を理由とした譲位の道を選ぼうとされるのは、なぜでしょうか。その理由は、7月のNHK第一報にも8月の「お言葉」にも触れられており、より詳しくは9月発売の『文藝春秋』10月号に載った精度の高いスクープ記事「天皇生前退位の攻防」が真に迫っています。

それによれば、6年前の平成22年（2010）7月、御所の応接間で随時開催される「参与会議」（元宮内庁長官・元外務省次官・東大名誉教授の3人と、当時の羽毛田信吾宮内庁長官と川島裕侍従長。途中から皇后陛下も御同席）に於て、今上陛下（当時76歳）みずから「私は譲位すべきだと思っている」と切り出されたそうです。

それに対して、出席者の全員が驚き、何とか翻意を促そうとして「口々に摂政の設置を申し上げた」。けれども、陛下が「天皇という存在は、摂政によって代行できるものではない。皇太子に譲位し、天皇としての全権と責任を譲らなければならない」と強く仰せられています。

そして、大正10年（1921）11月から、ご病状の進んだ大正天皇（41歳）に代わって皇太子の裕仁親王（20歳）を摂政とした実例を引かれ、それが「天皇御自身の意思に反す

るものであり、踏襲されるべき先例ではない」と反論され続けられました。その結果、やがて皇后陛下も、また翌春から毎月会合されることになった皇太子殿下と秋篠宮殿下も、「退位（譲位）のご意向」を支持されるようになられたそうです。

その後、平成24年（２０１２）2月、心臓の冠動脈バイパス手術を行われた今上陛下（78歳）は、「高齢化による障害について率直な思いを発せられる」ようになり、具体的に「御自身の母である香淳《こうじゅん》皇后の晩年（認知症）のご様子」も話しておられます。そうした「恐怖と不安」は切実であり、だからこそ、正常な判断のできる元気なうちに、次世代の皇太子殿下への譲位を実現したい、と決意されたことが、痛いほどわかります。

しかし、これは今夏、急に表面化したことですから、いまだ疑問や不安を抱く人も少なくありません。以下の本論では、それらの謎を可能な限り解いていきたいと思います。

第一章——

「生前退位」のご意向を読み解く

一　ＮＨＫの第一報に対する反響

新聞各紙の共通理解と好意的な世論

今上陛下が「生前退位のご意向」を示しておられることは、前述のとおり今夏7月13日夜、ＮＨＫテレビから特報されました。それを承けて「宮内庁の関係者」などから裏付けをとった有力な新聞各紙は、翌14日の朝刊で一面のトップに「天皇陛下、生前退位の意向」などという大見出しを打ち、かなり詳しい解説記事や識者のコメントを載せていますね(テレビ各局も同様)。

たとえば、首都圏をカバーする東京新聞は、「社説」で「お気持ちを尊重したい」という題を掲げ、「天皇陛下は……高齢となった今も……憲法に定められた〝国民統合の象徴〟としての役目を、誠実かつ精力的に果たされている」「天皇陛下が摂政ではなく、生前退位の意向を示されたのは、国事行為や公務(公的行為)は、天皇自ら行うべきだとの強い気持と推察する」「生前退位は……典範改正が必要になる。国会での落ち着いた環境での慎重な議論が必要となろう。」と的確に論評しています。

ただ、ある通信社が15日夕方ころ流したニュースでは「天皇陛下、早期退位想定せず―

―公務〝このペースで臨む〟」ことが「政府関係者への取材で分かった」などと報じたせいか、それで動揺したマスコミも少なくありません。

けれども、その一両日中に行われた世論調査の結果をみますと、ほとんど9割近い一般国民が、NHKの第一報や有力各紙の記事を信用し、今上陛下の「生前退位」に賛意を示しています。また、数日中に収録され掲載された「街の声」や投書をみても、好意的な意見が大多数です。それは、1ヶ月近く経った8月8日、ビデオ中継による「お言葉」を視聴してから一段と強まり、その後も、大きく変わっておりません。

皇室を尊崇する保守的な識者から異論

ところが、かねてから皇室を崇敬し尊重する論を張ってきた保守的な識者が、なぜか「生前退位の御意向」に異を唱えています。

たとえば、長らく日本会議の副会長を務めてきた小堀桂一郎氏（東京大学名誉教授）は、産経新聞の取材に応えた談話記事（7月16日朝刊）の中で、「日本の天皇は……国家元首として在位して頂くだけで、国家にとって十分の意味を有する存在なのである。」「天皇の生前御退位を可とする如き前例を今敢えて作る事は、事実上の国体の破壊に繋がるのではないかとの危惧は深刻である。」と、いたく憂慮されています。

また、改憲問題に熱心な憲法学者の百地章氏（国士舘大大学院客員教授）は、雑誌『SAPIO』9月号（8月4日発売）に書かれた「あえて〝生前退位〟に反対する」という題の評論で「仮にそれらが陛下のご意思だったとしても……あくまで私的なご発言であって……国会や内閣が直接、法的に拘束されるのではない。」とか「退位についての自由意思が許されることになれば……恣意（わがままな気持）が介在してくる危惧性が生じてくる。」などと、将来を懸念されています（8月8日以後、譲位容認に変化しています）。

さらに、右の両氏と同じく皇統の男系継承を強調する渡部昇一氏（上智大学名誉教授）は、雑誌『WiLL』9月号（7月26日発売）に「緊急寄稿」された「摂政を置いて万世一系を」と題する口述筆記で、「日本の皇室は神武天皇以来、二千六百年以上もの歴史がある。……このような皇室の歴史を何の問題もなく継続させることができるのは、摂政という身近な制度です。」とし、かなり史実から飛躍した思い込みの主張を展開されています（この論旨は、8月8日以降も全く変わっていません）。

このような論者は、他にも少なくないようです。そこにほぼ共通してみられますのは、NHKの第一報などで知りえた「生前退位のご意向」よりも、自分自身の天皇観・皇室像に重きを置いて、持論を曲げない信念です。それは一見ご立派なのかもしれません。しかし、それだけにとらわれず、報道された全文と関連の資料を、可能な限り正確に読み解く必要があります。その上で、どうすることが妥当であり、当面どこまで可能かを真剣に考えることが、より重要だと思われます。

二 「譲位」を決意された時期と理由

羽毛田信吾宮内庁長官のインタビュー

そこで、7月13日の報道内容を、同19日「NHK NEWS WEB」に掲載された全文によって確認し、それを数項目に分けて引用しながら読み解いていきたいと思います。そのためには、7月段階で判らなかった情報が段々と明らかになってきましたので、それらも大いに活用いたします。

今上陛下のご意向は、もちろん直接お聞きできるはずはありませんが、㋑7月のNHK第一報と、㋺8月の御自身による「お言葉」と、㋩9月9日発売された『文藝春秋』10月号掲載の編集部による真相スクープ「天皇生前退位の攻防／皇后は退位に（当初）反対した」（全8ページ）とを主要な情報として、それ以前の資料（御本人や関係者の発言記録など）を傍証としながら、総合的に理解する必要があろうと思われます。

まず㋑（NHK特報）の冒頭で次のごとく伝えられています（傍点は私的に加えた。）

①天皇陛下が、天皇の位を生前に皇太子さまに譲る「生前退位」の意向を、宮内庁の関係者に示されていることが分かりました。数年以内の譲位を望まれているということで、天皇陛下自身が広く内外にお気持ちを表す方向で調整が進んでいます。

これは、一番大事なことを、ズバリ簡素に言い尽くしています。それだけに、これを初めて知った視聴者たちの驚きは大きかったにちがいありません。日本列島に（いや海外にまで）激震が走った、と言っても過言ではないと思われるほどです。

それでは、「天皇陛下が……〝生前退位〟の意向を……示されている」というのは、いつごろから、誰に対して、どのような形で伝えられてきたのでしょうか。この点については、七月段階で知りえませんでした。けれども、8月の「お言葉」放送直後から「宮内庁の関係者」であった前宮内庁長官の羽毛田信吾氏が新聞各紙のインタビューに応じられ、また9月9日からは『文藝春秋』の特集記事も読めば、おおよそ判明いたします。

羽毛田前長官は、昭和17年（1942）山口県萩市の出身です。京都大学法学部（相撲部で活躍し優勝しています）を卒えて厚生省に入り、事務次官を退いた平成13年（2001）から11年余り宮内庁の次長・長官を務められました。ついで宮内庁参与を委嘱され、翌年から「昭和館」の館長を兼ねておられます。

この方が、4年前の平成24年6月1日、宮内庁長官を退くにあたり、「（陛下が）時の経過と共にお年を召されること、また体力の面でこれまで通りのご活動がだんだん厳しくなることは避けられない。そうした時、たとえば85歳というような時（平成31年）に、いまの象徴天皇としての地位と活動というのをどう考えていくのか。これまでどおり一体不離ということで考えていくとすれば、深刻な問題が出てくるだろうと思う。……やはり天皇陛下のご長寿（高齢化）と共に、地位をどう継承していくかということを考えなければならない。」と指摘しておられます。

これは、立場上かなり遠回しな言い方になっています。しかし、今夏に至り、「長官を退任する際の記者会見で、（皇室典範の）終身天皇制に関する私自身の問題意識として語った。……陛下のお悩みを代弁したつもりだった。」（日本経済新聞・8月9日朝刊）と述べておられます。

ここにいう「終身天皇制に関する……陛下のお悩み」が、実は「生前退位（高齢譲位）のご意向」であったとは、当時まったく気づきませんでしたが、今あらためて退官記事を読み直しますと、「あ、そうだったのか」と思いあたります。

ちなみに、羽毛田氏は宮内庁在職中、大きな仕事にいくつも関わっています。その一つは、次長から長官になった平成17年（2005）、小泉内閣のもとで1年余り開かれた「皇室典範に関する有識者会議」を宮内庁として支えたことです。またその11月15日挙式された紀宮清子内親王の御結婚にも尽くしています。

もう一つは、同21年（2009）9月発足した民主党内閣に対して、「皇位継承（今後の在り方）に問題がある」から「対処して頂く必要がある」と申し入れています。また、その12月中旬、来日した習近平中国副主席から直前に今上陛下との特別会見を申し入れた事件に毅然と対処されたことです。さらにいまひとつは、同23年9月、野田佳彦首相に対して皇族数の減少を防ぐため、「皇室典範」の改正を「緊急の課題」として取りあげるよう進言された（翌春から有識者ヒアリングが実施された）ことです。

すでに6年前、参与会議で表明されたご意向

しかも、羽毛田信吾氏が宮内庁長官になって5年目、今から6年前の平成22年（2010）、関係者にとって大変なことが起きました。その7月22日夜、皇居の吹上にある御所の応接間において開かれた「参与会議」の席が舞台です。

参与会議というのは、宮内庁関係の要職を卒えた方など数名が、天皇陛下から委嘱を受けて御相談にあずかるため、毎月1回ほど会合する（3年更新）といわれています。当時の参与は、前宮内庁長官の湯浅利夫氏（75歳）と、元外務事務次官の栗山尚一氏（79歳）と、東大名誉教授の三谷太一郎氏（74歳）の三名です。そして会議には現職の羽毛田長官（68歳）と川島裕侍従長（68歳）が、毎回同席しています。

その席の主役は、もちろん天皇陛下（76歳）であり、皇后陛下（75歳）も傍らにおられます。文藝春秋の取材によれば、いつも和やかな雰囲気で、みんな自由に意見を述べるのですが、この日は陛下みずから次のように切り出されたそうです。

私は譲位すべきだと思っています。

それを耳にした参与の一人は、「そのようなご意向があることは（羽毛田）長官から間接的に伝わってきていたが、本当に議題となろうとは思わなかった」と語っています。

そして、出席者たちは、「前例もあることですから、摂政を置くということで対処なさったらどうですか」とか、「皇太子殿下に摂政として経験を積んでいただくことは、将来的にも悪いことではありません」などと口々に申し上げています。その議論に加わられた皇后陛下も、当初は「摂政案を支持し、退位に反対された」ようです。

ところが、陛下みずから強い口調でキッパリと「**摂政では駄目なんだ**」と仰せられ、その理由として「**天皇という存在は、摂政によって代行ができるものではない**」のだから「**皇太子に譲位し、天皇としての全権と責任を譲らなければならない**」と強く仰せられたそうです。

それを承っても、「出席者たちは、摂政案を主張し続け」ましたところ「天皇はご自分のお考えを何度もご説明にな」られ、「摂政案は、こちら（出席者）がどう申し上げても、受け入れられなかった。お考えはすでに固まっている」ことがわかってきたのです。いつものように夕食を共にしながら7時に始まった会議は、夜中の12時すぎまで続いたとの証言から、やりとりの激しさが窺われます。

この参与会議における「譲位」論議は、その後も再三くり返されました。そのうちに「当初は摂政の設置で解決するべきだとしていた皇后も、天皇の固い意思を確認され、やがて退位を支持するようにな」られ、また「出席者たちも、天皇を説得することは不可能であることを悟るようになった」のです。そして年を越すと（平成23年早々ころか）、議論は「退位」（譲位）を前提として、「後継体制をどのような形にするか」「天皇のご意向をどういった言葉で表現し、いつ表明すべきか」を話しあわれたそうです。

ともあれ、「生前退位」（高齢譲位）のご意向は、すでに6年も前から身近な関係者に打ち明けられ、理解と賛同をえておられたことが、これで明白になったのです。また、その理由も、翌24年（２０１２）２月の「心臓冠動脈バイパス手術のころから、参与会議の席で一段と具体的に話されていますが、それは後ほどまとめて説明いたします。

三　「象徴の務め」とその在り方

象徴の実務体現と高齢現象の自覚

ついで、今上陛下が象徴天皇としての役割と、その務めを高齢化によってできなくなることへの懸念をもっておられることが、次のごとく説明されています。

② 天皇陛下は、昭和天皇の崩御に伴い、五十五歳で、今の憲法のもと、初めて「象徴」として即位されました。現代にふさわしい皇室の在り方を求めて、新たな社会の要請に応え続けられ、公務の量は昭和天皇の時代と比べ、大幅に増えています。

③ 天皇の務めには、憲法で定められた国事行為のほか、公的にすることがふさわしい象徴的な行為があると考え、式典の出席や被災地のお見舞いなど、さまざまな公務に臨まれてきました。また、天皇の公務は公平に行われることが大切だとして、八十二歳の今まで、公務を大きく変えられることはほとんどありませんでした。

④ 一方で、八十二歳の誕生日を前にした去年（平成二十七年）暮れの記者会見では、「年齢というものを感じることも多くなり、行事の時に間違えることもありました」と率直に老いや間違いを認め、「少しでもそのようなことのないようにしていくつもりです。」と述べられました。（中略）

（陛下の）関係者は「ご自身が考える象徴としてのあるべき姿が、近い将来体現できなくなるという焦燥感やストレスで悩まれているように感じる。公務の多さもされど、象徴であること自体が最大の負担になっているように見える。譲位でしか解決は難しいと思う」と話しています。

このうち、まず②について少し補いますと、確かに今上陛下は、昭和21年（1945）11月3日、第一学習院中等科一年生（12歳）の時に公布された今の「日本国憲法」のもとで戦後教育を受けられ、43年後に55歳で、初めて象徴として皇位につかれました。それゆえ、㋑平成元年（1989）1月9日「即位後朝見の儀」と、㋺翌2年11月11日「即位礼正殿の儀」において、次のごとく述べておられます。

㋑（前略）**日本国憲法及び皇室典範の定めるところにより、ここに皇位を継承しました。**（中略）**皇位を継承するに当たり、**大行天皇《たいこう》（2日前に崩御された昭和天皇）**の御遺徳に深く思いをいたし、いかなるときも国民とともにあることを念願された御心を心としつつ、皆さんと共に日本国憲法を守り、これに従って、責務を果たすことを誓い、国運**

の一層の進展と、世界の平和、人類福祉の増進を切に希望してやみません。

㋺（前略）あらためて御父昭和天皇の60余年にわたる御在位の間、いかなるときも国民と苦楽を共にされた御心を心として、常に国民の幸福を願いつつ、日本国憲法を遵守し、日本国及び日本国民統合の象徴としてのつとめを果たすことを誓い、国民の叡智とたゆみない努力によって、我が国が一層の発展を遂げ、国際社会の友好と平和、人類の幸福と繁栄に寄与することを、切に希望いたします。

このように今上陛下は、現行の日本国憲法と皇室典範の規定に基づいて皇位を継承したのだから、とりわけ憲法に掲げる「日本国の象徴」「日本国民統合の象徴としての責務」（任務・役割）を自ら「体現」（実践）することによって、「現代にふさわしい皇室の在り方」を求めて、新たな社会の要請に応え続けてこられたのです。

その「象徴としての務め」は、第三章で詳しく説明するとおり、（a）憲法の定める「国事行為」だけでなく、（b）象徴にふさわしい「公的行為」が極めて多い。他に（c）皇室の伝統的な「祭祀行為」も決して少なくありません。とくに（b）は、全国各地や諸団体などからの要望や国際交流の進展によって、次々と多くなりました。

そこで、平成15年（2003）いわゆる古稀（70歳）を迎えられ、しかも、前立腺癌の手術をされたころから、側近の人々が「ご公務の軽減」案を強く勧めたようです。しかし、陛下は、それまで一定の基準で行ってきたことを、減らしたり止めたりすれば、不公平になってしまうと考えられ、可能な限り続けようと努めてこられました。

しかしながら、いよいよ80歳代に入られて、今まで可能だった「象徴としてのあるべき姿が、近い将来体現できなくなる」ことを自覚され、どうしたらよいのか思い悩まれるようになられました。

先に引いた『文藝春秋』の続きをみますと、平成24年（2012）早々、心臓冠動脈のバイパス手術をされたころから、高齢化による障害について率直な思いを話されるようになり、その実例として「ご自身の母である香淳皇后の晩年のご様子」（腰痛と認知症の進行）を具体的に話されたそうです。大変お辛いご心境だったと想われます。

皇后陛下も皇太子・秋篠宮両殿下も納得

そこで、陛下は考え抜かれた末に「譲位でしか解決は難しい」と思い至られ、それを後継者に直接ご説明になりました。しかも、今後どうあるべきかまで話されたことが、次のように報じられています。

⑤　こうした意向は、皇后さまをはじめ、皇太子さまや秋篠宮さまも受け入れられているとのことです。天皇陛下がこうした考えを示されたのは、5年前のことで、以来この考えは一貫して変わっていないということです。

ここに「5年前」とあるのは、平成23年（2011）、あの東日本大震災により、みんな大ショックを受けた年です。その直前の二月、陛下は心臓の冠動脈に異常のあることがわかり、早目に入院治療することも検討されていた矢先、3月11日午後2時46分、未曽有の大地震と福島原子力発電所の爆発事故が発生すると、ご自分のことは度外視されて被災者・関係者への慰めと励ましに専念しておられます。

とくに5日後の3月16日、ご自身の発案により「おことば」をビデオメッセージとして全視聴者に届けられ、その月末から7週間にわたって避難所・被災地を歴訪されました。それがどれほど過酷なハードスケジュールであったかは、終始随行した川島裕侍従長の克明な記録が公表されています（同氏『随行記─天皇・皇后両陛下にお供して─』平成28年8月、文藝春秋）。

その間、ご自身もおそらく健康に不安を感じられたでしょうが、誰よりも身近に接しておられる皇后陛下は、夫君のためにも将来のためにも、何をすべきかを考えられたにちがいありません。8月8日の「お言葉」放送直後に行われた宮内庁での記者会見において、風岡典之長官が明らかにしたところによれば、「そのころ皇后さまのご提案により、月1回、陛下、皇太子さま、秋篠宮さまが、皇居の御所に集まり、長官が陪席する中で、意見交換をされる」ことになったのです。

ちなみに、秋篠宮殿下は同23年11月30日の満46歳お誕生日に先立つ記者会見で、記者から「両陛下のご健康や公務のあり方」と「定年制を設けたらどうかという意見」について尋ねられ、次のように答えておられます（文意を少し整えた）。

「いわゆる公務といわれる国事行為は、数を減らすとかそういうことは、臨時代行でない限りできないわけですね。それ以外の公的なお務めについては、何年か前から、負担軽減が図られております。ただ、本年のことを言えば、東日本大震災が起こり……お務めの

量が……ここ数年では断トツに多いというのは事実です。（中略）
定年制というのは、やはり必要になってくると思います。一定の年齢を過ぎれば、人間はだんだんいろんなことをすることが難しくなっていきますので、それは一つの考えだと思います。けれども、……人によって老いてゆくスピードは変わるわけですから、それをある年齢で区切るのかどうするのか……議論しないといけないのではないかと思います。」

また、皇太子殿下は翌24年（2012）2月23日に満52歳を迎えるお誕生日に際しての会見で、記者から「陛下のご健康が気遣われる中で……殿下自身は、どのように公務を担っていくお考え」かを尋ねられ、次のように答えておられます。

「この度のご入院（心臓冠動脈のバイパス手術）に伴って、（皇太子として）（2月）17日より国事行為の臨時代行を務めており、その責務をしっかりと果たしていく所存であります。……昨年11月には（陛下の気管支肺炎によるご入院中）にも、国事行為の臨時代行として、いくつかのご公務について陛下のご名代としてお仕事を務める機会がございました。その際……ご高齢となられた天皇陛下をお助けし、あらためて更なる研鑽を積まなければならないとの思いを強くいたしました。
今後の陛下のお仕事については……そうしたお仕事の一つ一つを心から大切にお考えになっておられる陛下のお気持ちに沿って考えるべきであると思います。そうは言いましても、陛下のご年齢を考えますと、ご負担の軽減は必要と思われますので……私も少しでもお役に立つことがあれば、喜んでさせていただこう、と考えております。（中略）
陛下のご意見を尊重しながら……陛下にとりどのような形でご負担が軽減なされるかどうか検討することが、私は大切だと思います。そこには、いろいろな選択があるのではないかと思います。」

この両方を今あらためて読み返しますと、すでに参与会議で天皇陛下が強く主張され、皇后陛下も支持されるに至った「生前退位のご意思」を、皇太子殿下も秋篠宮殿下も十分納得された上で、それを含みとして「定年制」も「一つの考えだ」とか、「ご負担の軽減」に「いろいろな選択がある」という言い方より、具体的に検討すべき課題だというメッセージを発しておられたことになりますが、私どもは気付くことができませんでした。
しかしながら、それがハッキリした現在、「陛下のご意思を尊重しながら」政府も国会も真剣に検討するのは、当然の務めだと思われます。

四　摂政・臨時代行でなく譲位こそ

終身在位が前提の摂政と臨時代行の規定

けれども、今上陛下の希望される「生前退位」（高齢譲位）は、現行法制によれば実施することができません。その事情が次のごとく報じられています。

⑥　今の皇室制度では、天皇の「生前退位」は認められていません。天皇が崩御した時に限って、皇位継承順位に従って、自動的に次の天皇が即位する仕組みになっていて、天皇は生前引退できない立場にあります。

　こうした制度のもと、天皇が重い病気などで国事行為にあたれない場合などに限って、代役を務める「摂政」を置くことが認められているほか、一時的な体調不良や外国訪問などの際には、皇太子などによる「国事行為の臨時代行」が行われています。

⑦　明治時代半ば、大日本帝国憲法とともに定められた旧皇室典範で、（かつて）天皇の譲位が強制されて政治的混乱を招いた時代があったことなどを理由に、皇位の継承は天皇の崩御に限られました。これは、戦後制定された今の皇室典範にも引き継がれました。宮内庁は、天皇の「生前退位」が認められない理由について……恣意的に退位する懸念もあるなどと説明してきました。

この⑥⑦については、第四章で詳しく説明しますから、ここでは言及しません。また、宮内庁（というより政府）が長らく説明してきたことは、70年前の新皇室典範案を作成し審議した際の「想定問答」と政府答弁記録の繰り返しにすぎません。

たとえば、平成4年（1992）4月7日、参議院内閣委員会において、宮内庁次長の宮尾盤氏が「退位ということを認めますと、……例えば上皇と法皇というような存在が出てまいりまして、いろいろな弊害を生むおそれがあるということが第一点、それから第二点目は、必ずしも天皇の自由意思に基づかない退位の強制というようなことが場合によったらありうる可能性があるということ、それから第三点目は、天皇が恣意的に退位をなさるというのも……いかがなものであろうかということが考えられるということ」と、従来どおりの見解を述べています。

これは現行法制の説明として当然かもしれません。しかし、あの昭和天皇が87歳5カ月で大量吐血され、危篤状態が4カ月近く続いても、すでに55歳の皇太子殿下に譲位されなかった（制度上できなかった）、という甚だ厳しい経験をしながら、明治以来の「退位」否定論について何も見直されなかったことは、甚だ遺憾といわざるを得ません。

「生前退位」実現への法整備と道のり

では、それを実現するには何をどうすればよいのか、またそれはいつごろまでに実現することが望ましいのでしょうか。この二点について次のように報じられています。

⑧　退位の実現に向けて考えられるのは、皇室典範を改正して、天皇の生前退位を制度化することです。一方で、制度化までしなくても、とりあえず天皇陛下の意向を実現できるように、特別に法を整備することも十分に考えられます。

どのような場合に生前退位が認められるかなど、検討すべき課題は多岐にわたるとみられ、いずれにしても国会の場に諮られることが必要になってきます。

⑨　皇室典範では、皇太子は皇位継承順位が一位の「天皇の子」（皇太子）とされています。皇太子さまが天皇に代わって即位されると、弟の秋篠宮さまが皇位継承順位一位に繰り上がりますが、皇太子にはなられません。

このため、天皇陛下の退位に関する検討が始まれば、秋篠宮さまをどう位置づけるのかも、にわかに検討の対象となってきそうです。

⑩　（原文では⑨の前）皇太子さまが新たな天皇として即位されると、元号は「平成」から新たな元号に変わることになります。「元号法」では、「元号は、皇位の継承があった場合に限り改める」とされているためです。

宮内庁の関係者によりますと、天皇陛下は、数年以内の退位を望まれているということです。仮に4年後、２０２０（平成32）年の東京で開かれるオリンピック・パラリンピックの前に退位されますと、東京オリンピック・パラリンピックは、皇太子さまを天皇とする新たな時代を迎えた日本で開かれることになります。

これによりますと、「生前譲位」（高齢譲位）を実施するには、「皇室典範」の第四条を改正して、終身在位だけでなく生前退位もできるようにすることが本筋です。しかしながら、そこまですることが難しければ、「天皇陛下の意向を実現できるように」することこそ何よりも大切なことですから、「特別に法を整備する（いわゆる特別措置法＝特措法を制定する）こと」でもやむをえないと思われます。

もちろん、後者であっても、関連していろいろ検討すべき課題（称号の順位、ご住居・お務め、それに伴う人員・予算など）があります。

しかも、「皇室典範」をそのままにすれば、前述のとおり第八条で「皇嗣《こうし》」（天皇の継嗣）は新天皇の男子（皇男子）を「皇太子」という（皇男孫があれば皇太孫という）としか定められていません。そのため、秋篠宮殿下は皇位継承の順序が第一となるにも拘わらず、皇嗣としての皇太弟に位置づけられません。従って、当面〝特措法〟で対処するにせよ、続いて早急に典範（第八条）の改正に取り組む必要があります。

それはさておき、今上陛下から現皇太子殿下への譲位（皇位継承）が行われますならば、直ちに元号（一世一元の年号）が改められ新しい元号になります。その改元は一体いつ行われることになるのか。これは日常生活にも直接影響する全国民の一大関心事だと思われますが、決して遠い先のことではありません。

現に⑩では、陛下が「数年内の退位を望んでいる」こと、しかも4年後（2020年）の東京オリンピック・パラリンピックは新天皇・新元号のもとで行われるかもしれないことが示唆されています。その上、『文藝春秋』のスクープ記事によれば、「天皇は参与会議の席で、かなり早い段階から〝平成30年（2018）までは頑張る〟と仰り、それまでに目途をつけてほしいと伝えていた」とありますから、すでにタイムリミットは徐々に近づいていることになります。

そこで、これを根拠にして考えれば、かなり具体的なタイム・スケジュールを想定することができます。すなわち、今上陛下は平成の満30年まで在位してくださるとすれば、翌31年（2019）1月7日直後ころ、85歳で退位（譲位）され、現皇太子殿下が59歳の直前に皇位を継承して新天皇になられますと、その年内に即位礼と大嘗祭を執り行うこともできるようになります。

もしそういう運びになれば、その翌32年（2020）の東京五輪は、新天皇を名誉総裁として開催されることになります。とすれば、「生前退位」（高齢譲位）を可能にする法の整備は、いわゆる特措法であれ、なるべく早く成立させる必要があると思われます。

五　海外王室で近年行われた譲位の実例

ヨーロッパで相次ぐ譲位、ブータンは定年制

最後に「生前退位」を具体的に考えるよすがとして、海外の王室で近年実施された譲位の例が次のごとく報じられています。

⑪　海外では、ここ数年、国王などによる「生前退位」の表明が相次いでいます。

3年前の2013年には、1月、日本の皇室とも親交の深い、オランダのベアトリクス女王が、王位を皇太子に引き継ぐと発表し、続く2月には、ローマ法王のベネディクト十六世が、高齢による体力の低下を理由に、ローマ法王としておよそ600年ぶりとされる「生前退位」を表明して、世界の注目を集めました。さらに、この年の7月、同じく皇室と親交の深いベルギーの国王アルベール二世が、高齢などを理由に、皇太子に王位を譲ると表明しました。また、おととし（2014年）にも、スペインの国王ファン・カルロス一世が、皇太子に王位を譲っています。

このようにヨーロッパでは、近年「生前退位」(譲位)が相次いで行われています。もう少し説明を加えますと、まずオランダ王国では、ウィルヘルミナ女王(68歳で退位・1948年)から長女のユリアナ女王(71歳で退位・1980年)を経て即位した長女のベアトリックス女王が、33年後の2013年1月、「次代に託する」ため、退位を表明し、4月に75歳のお誕生日を迎えて、長男のアレクサンダー皇太子(46歳)に譲位しています。

つぎにベルギー王国では、ボードゥアン一世(在位1930~1993)の崩御により即位した弟のアルベール二世(在位1993~2013)が、2013年7月、79歳という高齢と健康を理由にあげ、長男のフィリップ皇太子(53歳)に譲位しています。

さらにスペイン王国では、1975年フランコ総統によって国王に指名されたファン・カルロス一世が、2014年6月、76歳で健康不安などを理由にあげ、長男のフェリペ六世(46歳)に譲位しています。

なお、バチカン市国のローマ法王は、血縁による世襲ではありませんが、世界各地の枢機卿により選ばれ、終身在位を慣例としてきました。それが、2013年2月、ベネディクト十六世(85歳)は、体力の減退を理由にあげて退位し、代わって選ばれたフランシスコ(76歳)が就任しています。

一方、アジアの近例をみますと、カンボジア王国では、憲法で終身在位制を定めていましたが、2004年、シアヌーク国王（82歳）が退位を表明したので、それを認める法律を国会で可決し、息子のシハモニ国王（61歳）が即位しています。

それより注目されるのがブータン王国です。1972年に父王の急逝を承けて16歳で即位したワンチュク四世が、2005年、立法君主制への移行と「国王の65歳定年制」を表明するのみならず、翌年それを自ら繰り上げて、51歳で長男のシグミ・ケサル・ナムゲル・ワンチュク（26歳）に譲位しています。その際、「王子に十分な統治経験を積ませるため、早期の譲位を決断した」と語っています。それから5年後（2011年）の10月、平民出身のジッフン・ベマと結婚し、翌月、お揃いで日本を訪問して大歓迎を受けたこともあります。

このブータン王国は、GNH（国民の総幸福量）が世界で最も高いといわれ、その幸せ感は「国王が素晴らしい」からだといわれているようです。もちろん、急速な近代化に伴う難しい問題もかかえているとみられますが、前国王の決断により誕生した若い新国王のもとで、独自の国作りが進められています。

他の王室でも進む高齢化の問題点

それに対して、終身在位を原則としている王国も少なくありません。とくにイスラム圏の中東諸国では、ほとんどそうです。ただ、そのために、クエートでは、２００６年１月に77歳で即位したサバーハ首長が現在87歳、またサウジアラビアでは２０１５年１月に即位したサルマン国王が今年80歳、さらにオマーンでは１９７０年に父王を追放して即位したサイード国王が現在76歳など、かなり高齢化が進んでいます。

現在（２０１６年末）最高齢は、イギリス（正式にはグレートブリテンとノースアイランドの連合王国＝ＵＫ）の女王エリザベス二世（90歳）です。１９５２年に父ジョージ六世の急逝により26歳で即位し、翌年の戴冠式で「生涯をかけて統治する」と宣言して以来64年目（英国史上最長）、今なお元気に活躍されています。ただ、長男のチャールズ皇太子が68歳、長男のウィリアム王子が34歳ですから、この先どのように王位が継承されていくことになるのか、気に懸るところです。

なお、大英連邦に加盟している南太平洋のトンガ王国では、２００６年９月、トゥボウ四世（89歳）の崩御により長男のフポウトア皇太子（58歳）が王位を継承してトゥボウ五世となりましたが、６年後の２０１２年３月急逝したことにより、弟のラバカ皇太子（52

歳）が即位してトゥボウ六世となりました。これは終身在位により超高齢となった国王の後を高齢に近い後継者へ世襲することの難しさを如実に示しています。

もう一つ、タイ王国では、１９４６年６月ラーマ八世（20歳）の急逝により即位した弟のプミポン・アドゥンラヤラート（比類なき権威）と称されるラーマ九世（18歳）が即位し、世界最長の70年余り在位記録を更新してきました。しかし、つい最近、２０１６年の10月13日、88歳10ヶ月で崩御されたので、34年前から後継者に指名されていた長男のワチラーロンコーン皇太子（64歳）が、12月1日、ラーマ十世として王位を継承されました。

ただ、この新国王は、最初の王妃との間に生まれたのが王女（38歳）です。また2人目の王妃が4人の王子と共に米国へ移って王族籍を剥奪されています。さらに3人目の王妃とは2年前に離婚しましたが、その間に生まれた王子（11歳）がいますので、次の皇太子に立てられるとみられます。なお、かつて前国王は、娘のシリントン王女（61歳、独身）への継承を望んでいたともいわれています。

第二章——

「天皇陛下のお言葉」を読み解く

一　ビデオメッセージに対する反響

世論は素直に理解、側近が内情を語る

前章でとりあげました7月13日のNHK特報が出ましてから1ヶ月近く経った8月8日、今上陛下ご自身の「お言葉」が、ビデオメッセージとして全テレビ局から一斉に放映されました。その時の感銘はプロローグの中で記しましたが、あれを視聴した大多数の一般国民は、「お言葉」を素直に理解し共感していると見受けられます。

たとえば、読売新聞社の全国世論調査によりますと、(8月11日朝刊掲載)、「天皇陛下が〝生前退位〟の意向を示唆されたことに理解を示す意見が、国民の大多数に上った」「象徴天皇のあり方に関するお気持ちを表明されたことを良かったと思う人も93%を占めた」とあります。

ただ、「陛下のご意向は理解しながらも」「公務軽減や摂政を置く」ことによって、「今の陛下に天皇であり続けてほしい、と思う人が三割」にのぼり「複雑な心境を抱く人も少なくない」と伝えています。

ほかのテレビ局や新聞社による世論調査も、ほとんど変わりありません。

一方、今上陛下と学生生活を共にしてきた身近な人々、たとえば、学習院初等科からの同級生で馬術も一緒に練習してきた明石元紹《あかしもとあき》氏（日露戦争の殊勲者明石元二郎陸軍大将の直孫）は、「今年二度、学習院時代の同窓会でお会いした」時にえられた実感として「記憶力・判断力は抜群……脚力もすごい」が、「これからは今までできていたことが難しくなるだろう」から「陛下の責任感の強さを考えると〝象徴としての使命を果たすのが難しくなれば国民に申し訳なく、皇太子さまに譲位すべきではないか〟との思いをお持ち」になり、「冷静に深くお考えになった末の結論」を示されたのであろう、と語っておられます（日本経済新聞・8月9日朝刊）。

さらに、4年前まで10年余り宮内庁の次長・長官を勤めた（現在も宮内庁の参与を仰せつかっている）羽毛田信吾氏は、前述のごとく在任中の真相を控え目に語り始められ、8月8日の「お言葉」放映後、インタビューに応じて次のごとく述べておられます（毎日新聞・8月6日朝刊）。

「今回のお言葉をお聞きし、象徴天皇としてのお務めにかける陛下のご信念とご覚悟の深さを思った。……お言葉の重みに粛然たるものを覚えた。

天皇陛下は憲法第一条に規定されている「象徴天皇」として、その地位にあるだけでなく、国と国民のために一生懸命尽くすのが自らの使命だ、と思い定めておられる。……このお考えは……今後の象徴天皇のあり方の基本でもあると思う。

一方……高齢化社会の中で、陛下は自分の代だけでなく、今後の天皇陛下も長寿であることが通常の状態になる時に「あるべき象徴天皇との関係においてどうなのか（どうあるべきか）」も突き詰めてお考えになった上で、お気持ち表明されたと見る。（中略）

私としては、多くの人たちが……お気持ちに添うような方向で、できるだけ早く対応がなされることを願っている。（下略）」

これは、今上陛下に長らく仕え、6年前の参与会議に同席して（おそらくそれ以前から）「生前退位のご意向」を承っていた当事者ならではの切実な感想・希望として、重要な意味をもっていると思われます。

「お言葉」よりも自己の信念を重んずる人々

ところが、かねてより皇室崇敬の念が篤く、今上陛下の御即位十周年や二十周年の奉祝事業などにも尽力してきたような人々の中から、いろいろな異論が出ております。

そのうち、7月段階でNHKの報道などに疑問を表明した後で、8月の「お言葉」を承ってから論調を少し変えた学者やジャーナリストも少なくありませんが、依然として反対を唱え続ける人々もいます。

たとえば、近現代の皇室制度に精しく、靖国問題などでも活躍されている大原康男氏（國學院大學名誉教授）は、産経新聞の8月10日朝刊に掲載された「生前退位／私はこう思う」の中で、「陛下のお考えは……大変重要なご提案で、重く受け止めるべきだ」としながら、「象徴としてのご公務よりも、同じ天皇陛下がいつまでもいらっしゃるという〝ご在位〟の継続が、国民の精神的な統合の象徴として大切」なのだから、「皇室典範の規定では……摂政を置くことができるとしているが、この規定に〝高齢で国事行為を自ら行うことが難しくなったとき〟と追加できれば、譲位をあえてされなくてもいいのではないか。」と述べておられます。

また、かつて「新しい歴史教科書を作る会」の会長であり、今は「日本教育再生機構」の理事長を務める八木秀次氏（麗澤大学教授）も、産経新聞の8月14日朝刊「正論」の中で、「陛下のご意向は……〝象徴〟の務めも全身全霊で果たすことができない天皇は〝天皇〟といえず、退くべきとのご表明でもある。」と理解しながら、「陛下は明確に否定された」けれども、「政府として退位・譲位でなく、摂政を置く」か、それとも「国事行為の臨時代行の制度を活用する」という選択肢についても「検討しなければならない」とし、「天皇はそのお役割の重要性とともに、その大前提となる血統原理（同氏の強調する「Y染色体の遺伝」）によって、他に代わる者がいないという存在自体の尊さがある。」と論じておられます。

さらに、比較文明史家として知られる（その著作から私も多くを学んでましたが）平川祐弘氏（東京大学名誉教授）は、『WiLL』10月号（8月26日発売）に掲載された「特別寄稿」の中で、「天皇は存在し継続することに意味がある。……天皇家が御不例になられようとも、日本は続く。社会に停滞などが起こるとお考えになるならば、それはおかしい。」から、当面「現行法で対応できる摂政を置くことが無難な措置かと思う。」などと述べておられます。

これらの方々は、今上陛下の「お言葉」に一応敬意を表しながらも、それ以上に自己の信ずる従来の考え方を変えない（高齢譲位を認めない）ことこそが「万世一系の皇室」を守ることになる、と思い込んでいるように見受けられます。

二　自ら形作られた象徴天皇の在り方

「2年後には平成30年」と言われた真意

そこで、あらためて大事なことは、8月8日に放映された「象徴としての務めについての天皇陛下のお言葉」（宮内庁ホームページや主要な新聞などに掲載されている）フル・テキストを、何遍でも熟読して、その真意を正確に理解できるよう努めることだと思われます（宮内庁ホームページの英訳全文を末尾の付三に掲載しました）。

これ以下、前章と同じく、「天皇陛下のお言葉」の全文を区切って引用しながら、私流の解説を加えていきます。

まず冒頭で次のように述べておられます。

① **戦後70年という大きな節目を過ぎ、2年後には平成30年を迎えます。**
私も80を越え、体力の面などから様々な制約を覚えることもあり、ここ数年、天皇としての自らの歩みを振り返るとともに、この先の自分の在り方や務めにつき、思いを致すようになりました。

本日は、社会の高齢化が進む中、天皇もまた高齢となった場合、どのような在り方が望ましいか、天皇という立場上、現行の皇室制度に具体的に触れることは控えながら、私が個人として、これまでに考えてきたことを話したいと思います。

この「お言葉」を拝聴しながら、いきなりハッと驚きましたのは、冒頭で「2年後には平成30年を迎えます」とわざわざ言っておられることです。これは単純に区切りの良い年数をあげられたのではなく、深い意味のある年次だとも感じられます。

なぜなら、前述のように、7月の第一報でも、はじめに「天皇陛下が……数年以内の譲位を望まれている」と伝え、また終り近くで「仮に、4年後の東京オリンピック・パラリンピックの前に退位される……」と例示されています。

これをまともに受けとめるなら、4年後（２０２０）の前年、つまり平成31年には今上陛下から現皇太子殿下への譲位が実施できることを希望しておられる、と読むことができるように思われます。

その上、「お言葉」放映後に発行されました『文藝春秋』10月号のスクープ記事によれば、「天皇は参与会議の席で、かなり早い段階（数年前）から〝平成30年（２０１８）までは頑張る〟と仰り、それまでに目途をつけてほしいというお気持ちを伝えて」おられたと報じられています。

この「30年」という年数は、中国漢代の辞書『説文《せつもん》』に「三十年を一世となす。」とあり、「世は……十を三つ合わせて三十を意味した。卅と同じで、転じて三十年、一代……の意を表わす」（小川環樹氏他編『角川新字源』）と説かれています。

これらを総合しますと、今上陛下は早くから、一世代の「30年」に達するまで何とか在位して「象徴天皇の務め」を全力で果たすけれども、その年末に満85歳を迎えるので、おそらく年明けの平成31年（２０１９）早々あたりに、皇太子殿下（その2月で満59歳）への譲位をすることができるようにしてほしい、と考えておられるであろう、と拝察して大過ないと思われます。

しかも、これは「社会の高齢化が進む中で」、一般国民も平均寿命が80歳代（男性80歳、女性86歳）という超高齢化社会において、ご自身のことだけでなく、今後の皇位継承者まで含めて「どのような在り方が望ましいか」を考えに考えぬかれた上で問題提起をされたことは、明らかでありましょう。

「象徴と位置づけられた天皇の望ましい在り方」

ついで、「象徴としての務め」を実際に担ってこられた今上陛下のお立場から、具体的に次のようなことを述べておられます（読みやすくなるため改行を増やす）。

② 即位以来、私は国事行為を行うと共に、日本国憲法下で象徴と位置づけられた天皇の望ましい在り方を、日々模索しつつ過ごして来ました。

伝統の継承者として、これを守り続ける責任に深く思いを致し、更に日々新たになる日本と世界の中にあって、日本の皇室が、いかに伝統を現代に生かし、いきいきとして社会に内在し、人々の期待に応えていくかを考えつつ、今日に至っています。

③ そのような中、何年か前のことになりますが、二度の外科手術を受け、加えて高齢による体力の低下を覚えるようになった頃から、これから先、従来のように重い務めを果たすことが困難になった場合、どのように身を処していくことが、国にとり、国民にとり、また私のあとを歩む皇族にとり良いことであるかにつき、考えるようになりました。

既に八十を越え、幸いに健康であるとは申せ、次第に進む身体の衰えを考慮する時、これまでのように、全身全霊をもって象徴の務めを果たしていくことが、難しくなるのではないかと案じています。

④　私が天皇の位についてから、ほぼ二十八年、この間《かん》私は、我が国における多くの喜びの時、また悲しみの時を、人々と共に過ごして来ました。私はこれまで天皇の務めとして、何よりもまず国民の安寧と幸せを祈ることを大切に考えて来ましたが、同時に事にあたっては、時として人々の傍らに立ち、その声に耳を傾け、思いに寄り添うことも大切なことと考えて来ました。天皇が象徴であると共に、国民統合の象徴としての役割を果たすためには、天皇が国民に、天皇という象徴の立場への理解を求めると共に、天皇もまた、自らのありように深く心し、国民に対する理解を深め、常に国民と共にある自覚を自らの内に育てる必要を感じて来ました。

⑤　こうした意味において、日本の各地、とりわけ遠隔の地や島々への旅も、私は天皇の象徴的行為として、大切なものと感じて来ました。

皇太子の時代も含め、これまで私が皇后と共に行《おこな》って来たほぼ全国に及ぶ旅は、国内のどこにおいても、その地域を愛し、その共同体を地道に支える市井《しせい》の人々のあることを私に認識させ、私がこの認識をもって、天皇として大切な、国民を思い、国民のために祈るという務めを、人々への深い信頼と敬愛をもってなし得たことは、幸せなことでした。

これは、まさに当事者でなければ語ることのできない重要な告白として、後世にのこる証言、名言となるにちがいありません。

今上陛下は昭和62年（1987）の9月22日から12月15日まで、父君（86歳）のご手術・ご療養に専念なさる間「国事行為の臨時代行」を務められましたが、その直後の記者会見で「あるべき天皇像」について尋ねられ、「皇室が国民と離れてはいけない」という前提のもとに「この国の象徴、国民（統合）の象徴である、ということがどうあるべきか、ということを常に求めていくこと」だと答えておられます。

そのようなお考えに基いて、昭和64年＝平成元年（1989）1月7日に践祚《せんそ》されて以来、象徴天皇の役割を「日々模索しつつ」実践してこられました。その内容は、Ⓐ憲法に定められる「国事行為」と、Ⓑ「憲法下で象徴と位置づけられた天皇」にふさわしい「公的行為」と、Ⓒ「伝統の継承者として」守り続けられる「祭祀行為」などから成ります。

しかし、それらは「日々新たになる日本と世界の中にあって」いろいろな変化を受けとめながら、「日本の皇室が、いかに伝統を現代に生かし、いきいきと社会に内在し、人々の期待に応えていくかを考えつつ、今日に至って」おられるのです。

この「いかに伝統を現代に生《(活)》かし」ていくかは容易なことではありませんが、2千年近い皇室における「伝統の継承者として」、「これを守り続ける責任に深く思いを致し」ながら、工夫と努力を続けてこられました。それは、宮中奥深くで行われる祭祀だけに限りません。むしろ、より積極的な「務め」の実践により「いきいきとして社会に内在し、人々の期待に応えていく」必要があると考えながら、着実に歩んでこられたのです。

「人々への深い信頼と敬愛」を確信された

それを具体的に語られたのが④と⑤の部分でありましょう。陛下が皇位を継承されてから28年近く、常々大切にしてこられたことは、「天皇の務めとして、何よりもまず国民の安寧と幸せを祈ること」であり、そのため「我が国における多くの喜びの時、また悲しみの時を、人々と共に過ごして来」られました。

さらに、そういう「事にあたって」のお心懸けは、「時として人々の傍らに立ち、その声に耳を傾け、思いに寄り添うことも大切なこと」だと考えられ、「日本の各地、とりわけ遠隔の地や島々への旅も、私は天皇の象徴的（公的）行為として大切なものと感じ……皇后と共に行って来た」と仰っておられます。

しかも、そのような公的行為が必要なのは、天皇が単に「象徴」という憲法上の地位にあればよいのではなく、「国民統合の象徴としての役割を果たす」べき存在なのですから、一方で国民に対して「天皇という象徴の立場への理解を求め」ると共に、他方で天皇ご自身も「国民に対する理解を深め、常に国民と共にある自覚を自らの内に育てる必要を感じて」おられるというのです。

その結果、今上陛下は「国内のどこにおいても、その地域を愛し、その共同体を地道に支える市井《しせい》の人々のあることを私に認識させ」ることになり、「この認識をもって、天皇として大切な、国民を思い、国民のために祈るという務めを、人々への深い信頼と敬愛をもってなし得た」のだと仰せられ、それを「幸せなことでした」と、感慨深く振り返っておられます。

このあたりには、本質的にきわめて重要な真実が示されていると思われます。我が国では、大昔から天皇（すめらみこと）の行為として、「み《（見）》そなはす」「き《（聞）》こしめす」「し《（知）》ろしめす」という大和言葉があります。みずからご覧になり、お聞きになり、お知りになること、つまり実際に見て直接に聞いて、本当に知ることこそ、天下万民（おおみたから）を「すべる（統合する）」基本にほかなりません。

とりわけ「みそなはす」ことは、「国見《くにみ》」と称され、大王（おおきみ）＝天皇が宮殿を出られて現地へ行かれ実情を見聞きして「国誉《くにほ》め」をされますと、おのずから幸せがもたらされますので、お出ましを「行幸」と申します。

奈良時代に編纂された『万葉集』にも、舒明《じょめい》天皇（敏達《びだつ》天皇の孫、天智・天武両帝らの父君）が「香具山に登りて望国《くにみ》したまひし時の御製歌《おおみうた》」として次の和歌が載っています。

大和《やまと》には　群山《むらやま》あれど　とりよろふ（とりわけ）天《あめ》の香具山《かぐやま》　登り立ち　国見《くにみ》をすれば
国原《くにばら》は（家々の竈《かまど》から）煙《けふり》立ち立つ　海原《うなばら》は（池面《いけも》には）鷗《かまめ》（かもめ）立ち立つ　うまし（美しい）国そ《ぞ》　蜻蛉島《あきつしま》（秋の昆虫トンボのような形の島）大和の国は

（※初めの大和は奈良地域、終りの大和は日本全体をさすとみられる）

この「国見」は、近代に入ってからも、明治天皇が熱心に行われ、ついで皇太子時代の大正天皇もお元気な頃はよく出かけられました。それを承けて、昭和天皇は摂政時代も戦前・戦中も行われましたが、とくに戦後、自ら進んで全国を巡幸され、戦災からの復興を勇気づけられたことは、よく知られています。それを皇太子時代から一段と積極的に進めてこられましたのが、今上陛下にほかなりません。

その行幸は、ほとんど皇后陛下とご一緒ですから「行幸啓《ぎょうこうけい》」と申します。即位されてから15年間で全都道府県を廻られ、平成28年までに都内約千回、それ以外約4百回近くに及んでいます。それによって、大多数の国民は「象徴天皇の立場と役割」をよく理解できるようになりましたが、天皇（両陛下）ご自身も「常に国民と共にある自覚を自らの内に育て」られ、つねに「天皇として大切な国民を思い、国民のために祈るという務めを、人々への深い信頼と敬愛をもってなし得た」と確信されるに至られたのです。

この「お言葉」を拝聴した途端、私は昭和21年（１９４６）元旦公表された「新日本の建設に関する詔書」の一節を想い起こしました。あの詔書は、俗に「天皇の人間宣言」などといわれていますが、そんな薄っぺらいものではありません。原文を通読すれば誰でもわかるとおり、冒頭に明治元年（１８６８）の「五箇条の御誓文」の全文を掲げ「叡旨、公明正大、また何を加へん。……すべからくこの御趣旨に則り新日本を建設すべし」との基本方針が示されています。その上で、文中に次のように仰せられているところにこそ、大きな意味があると思われます。

朕（天皇）と爾《なんじ》ら国民との紐帯《ちゅうたい》は、終始相互の信頼と敬愛とによりて結ばれ……

つまり、天皇と一般国民の関係は、古来いろいろ変遷があったにせよ、あの4年近い苛烈な戦争に敗れても、常に相互の「信頼と敬愛」は変わっていない、と詔書で明言することのできるような固い絆《きずな》で結ばれていたのです。

ただ、それが被占領下で作られた日本国憲法に、国家・国民統合の「象徴」と定められた天皇が存立する根拠は「日本国民の総意に基く」とされています。その皇位を「世襲」により継承された今上陛下は、「象徴としての役割」を十分に果たされなければ「国民の総意」に応えることができないと考えられ、その「お務め」を「人々への深い信頼と敬愛をもってなし得た」と確信できるほどの実績を積まれたからこそ、万感の思いをこめて「幸せでした」と仰ったのでありましょう。

ちなみに、陛下は平成26年（２０１４）12月のお誕生日記者会見で、その夏までに完成して捧呈された宮内庁編『昭和天皇実録』に関連して、父君の思い出を尋ねられ、「**人のことを常に考えることと、人に言われたからするのではなく、自分で責任をもって事にあたるということは、昭和天皇から学んだ大きなことであった**」と語っておられます。これを承けて、国民のことを常に考えられ、「象徴としての務め」を自らの責任で積極的に成し遂げて来られたものと思われます。

しかし、それは率直に申せば、生身の人間として、いつまでも同じようにできるはずがありません。それゆえ、③の部分に、これまでは「全身全霊をもって象徴の務めを果たして」こられましたが、平成15年（２００３）と同24年（２０１２）に外科手術を受け、80歳代に入って「高齢による体力の低下を覚え」られるようになりましたので、今後どのように御身を処していくことが、ご自身のためよりも、国家・国民全体にとって、また「私のあとを歩む皇族にとり良いことであるかにつき、考えるようになった」と述べておられるのです。

確かに調べてみますと、「象徴としての務め」は、平成に入ってから20年近い間に、段々と増えてきました。そのため、宮内庁は慎重に検討した結果、陛下がすでに75歳の平成21年（2009）1月、「今後の御公務及び宮中祭祀の進め方」について、次のような方法（要点のみ抄出）を公表しています。

（1）満七十五歳の天皇陛下は、五年前から前立腺ご手術に伴う治療を続けられ、また満七十四歳の皇后陛下も、数年前から胃腸に変調が見られる。それにも拘わらず、「年間を通して……数多くの御公務や宮中祭祀をお務め」になっている。

（2）そのお務めは、昭和五十年（一九七五）当時と較べると、外交関係国の増大につれ、御会見・御引見・拝謁等が何倍にも増えている。また春と秋の生存者叙勲に伴う拝謁だけでも、各七～八日間にもわたる。さらに平成に入って恒例化された帰任大使の慰労や、福祉施設・被災地等への行幸啓も、年間数十回以上にのぼる。

（3）そこで、かつて昭和天皇も七十歳から行われた「御公務や宮中祭祀の調整・見直し」を参考にしながら「一心にお務めになってこられた両陛下の御公務に対する御姿勢に鑑み、御公務そのものを削減するのではなく……両陛下の御負担を少しでも軽減するという観点から、きめ細かく調整・見直しを図ること」になったのである。

(4) その軽減例は、叙勲に伴う「拝謁の回数・日程を縮減する」こと、新年や天皇誕生日などの祝賀行事内容を見直すこと、全国植樹祭・国民体育大会などに行幸啓の際に、「今後は……『おことば』はなしとし、御臨席のみとする」こと、外国からの賓客等との御引見も「公賓又は公式実務訪問」に限ることなどであり、今後も「必要に応じて更なる見直しを加え」る。

(5) 宮中祭祀は、現に「年間三〇数回の祭儀が行われて……しばしば早朝・深夜の時間帯にもお務めになってこられ」た。従って、その調整・見直しも行われなければならないが、「宮中祭祀は、御公務と並ぶ、大変に重要なお務めであるという両陛下のお気持ちを十分に踏まえ」て見直しを進める。

(6) その調整例として、十一月二十三日の新嘗祭には「当面、天皇陛下は、『夕《ゆうべ》の儀』(六時～八時)には、従来どおり出御になることとし、『暁《あかつき》の儀』(十一時～翌一時)は、時間を限ってお出ましいただくこと」、また毎月の旬祭《しゅんさい》は、「五月一日及び十月一日以外の旬祭は、（侍従の）御代拝により行うこと」などを今年から実施する。

しかし、それにも拘わらず、同年12月、お誕生日を前に発表された「一年のご動静」（宮内庁ホームページ掲載）をみますと、次のようなお務めがあげられております。

（イ）「国事行為として、ほぼ毎週二回のご執務を（宮殿表御所で）行われ、内閣よりの上奏書類八八三件にご署名及び押印をされました。その他、宮殿では、恒例の講書始の儀及び歌会始の儀にご臨席になり、親任式（内閣総理大臣一名）、認証官任命式（国務大臣以下七六名）、（来日大使）信任状捧呈式（二四名）、勲章親授式（大綬章・文化勲章）及び勲章受章者の拝謁（春と秋に各七～八日間）など多くの儀式や行事に臨まれました。また、総理大臣ほかの内奏や……日銀総裁などのご進講も受けられました。」

（ロ）また、皇后陛下とご一緒に、各界優績者の拝謁のほか、（国内要人の）午餐や茶会など、多くの行事に臨まれました。四月十日のご結婚記念日（金婚式）には……本年中に結婚五十年を迎える夫妻約百組をお招きになり、共にお祝いになりました。……」

（ハ）「外国からは、五月にシンガポール国大統領夫妻が国賓として来日し……宮中晩餐会を催されました。また公式実務訪問賓客（五組）のために宮殿で午餐を催されたほか、（中略、五ヶ国の元首ご引見）ヨルダン国王陛下、アメリカ合衆国大統領は、御所でのご昼餐にお招きになりました。（中略、五ヶ国の首相と三ヶ国の国会議長およびベトナム国書記長・中国副主席のご引見）新任の外国大使夫妻を招かれてのお茶、日本滞在が三年を超える外国大使夫妻のための午餐、離任する外国大使夫妻のご引見は、例年どおり（平均ほぼ毎週）行われました。」

（ニ）「御所では、両陛下（お揃い）で、日本学士院会員・日本芸術院会員……青年海外協力隊及びシニア海外ボランティア帰国隊員、国際交流基金受章者などとお会いになったほか、定例の外務省総合外交政策局長によるご進講や、各種行事に関するご説明が、合わせて四十六回ありました。そのほか、勤労奉仕団、賢所奉仕団や新嘗祭のための（全都道府県から米と粟）献穀者に対し、五十六回のご会釈がありました。」

（ホ）「都内でのお出ましとしては、陛下は国会開会式に臨まれ、また両陛下にて全国戦没者追悼式を始め、毎年ご臨席になっている日本国際賞・国際生物学賞・日本芸術院賞・日本学士院賞などの授賞式のほか、今年も数多く行われた各種周年記念式典などへのご臨席がありました。十一月十二日には、天皇陛下御在位二十年記念式典が国立劇場で行われ、お言葉を賜ったほか、夕刻には皇居前広場で国民祭典が行われ……約三万人の国民の祝意におこたえになりました。……」

（へ）「今年の公的な地方行幸啓は、二府六県（名称省略）にわたりました。全国植樹祭（福井）・国民体育大会（新潟）全国豊かな海づくり大会（東京）などにご臨席になったほか、（その際）地方の文化・福祉・産業の事情をご視察になりました。……十一月にはご即位二十年に当り近畿地方の関係者を京都御所にお招きになり茶会を催され……この一年間に公的に地方行幸啓先へご訪問になった市町村数は十二市一町になります。」

（ト）「両陛下は、七月三日より十四日まで国賓としてカナダをご訪問になり、帰路アメリカ合衆国ハワイ州を訪れられ十七日にご帰国になりました。……ハワイでは両陛下のご結婚を祝して設立された「皇太子明仁親王奨学金財団」の五十周年記念晩餐会に臨まれ、約一六〇〇人の参加者と一時を過ごされました。」

(チ)「陛下は、……七月に東京海洋大学水産資料館にお出ましになり、陛下のこれまでの(ハゼに関する)ご研究を展示した企画展をご覧になりました。また日本魚類学会に……三年ぶりにご出席になり、多くの研究者と楽しい一時を過ごされました。」

(リ)「天皇陛下は例年のとおり、皇居内生物学研究所の田で、稲の種籾《たねもみ》のお手播き、お田植え、お手刈り(各二百株)をなさいました。神嘗祭に際しては、お手植えになった根付きの稲を(伊勢)神宮にお供えになり、また新嘗祭には、お手刈りになった水稲及び粟の一部を神嘉殿の儀にお供えになりました。」

以上のうち、(イ)は数多くが国事行為(一部は公的行為)であり、(リ)は宮中祭祀に関する行為の一端です。それだけでも相当大変だと思われますが、それより段トツに多いのが(ロ)~(チ)のような、大部分が公的行為です。

これらは一つ一つ重要な意味をもっていますから、前掲（3）〜（6）のような軽減方針が示された後でも、急に削除したり他の皇族に分担させることが難しい。従って、引き続き天皇陛下ご自身が（皇后陛下と共に）行ってこられたわけです。

その後の天皇誕生日記者会見記録をみますと、翌22年（2010）満77歳を迎えて「**や丶耳が遠くなり、周囲の人には……少し大きな声で話してくれるよう頼んでいます**」と述べておられます。また翌23年には、2月に心臓の冠動脈に異常が発見され、11月に気管支肺炎を患われながら、3月に発生した東日本大震災へのお見舞に全力を傾倒しておられます。

ついで翌24年（2012）には、2月に心臓の手術を受けられたにもかかわらず、「（公務）**負担の軽減は、公的行事の場合、公平の原則を踏まえてしなければならない**」ので、「**今のところしばらくは**（削減せず）**このままでいきたい**」と語っておられます。また翌25年には「傘寿」（80歳）を迎えられて「**天皇という立場にあることは、孤独とも思える**」けれども「**皇后が常に私の立場を尊重しつ丶寄り添ってくれた**」ことに、しみじみと感謝しておられます。

さらに翌26年（2014）には、宮中祭祀の歳旦祭と天長祭を代拝とされ、新嘗祭も夕の儀は時間の短縮、暁の儀は「御所でお慎み」と改められました。また平成4年から続けてこられた都内の「子供や老人の施設訪問」を翌27年から皇太子殿下と秋篠宮殿下に譲ることを決められましたが、これは削減のごく一部にすぎません。

平成27年には、戦後70年の節目を迎えて、4月に「かつて日本の委任統治領であったパラオ共和国を皇后陛下と共に訪問し、日米戦没者の慰霊を果たされ、また8月に「引揚者が入植した開拓の地を訪ね」るなど、積極的に活動してこられました。

それは今年（2016）に入っても変わらず、3月にフィリピン共和国の戦蹟を訪ねて皇后陛下と共に慰霊されたのをはじめ、象徴天皇としての地位にある限り、その役割を正に「全身全霊」で務め続けておられます。

しかも、8月の「お言葉」では、それらを「高齢化に伴う対処の仕方」として「限りなく縮小していくことには、無理があろう」と言っておられるのです。

「天皇の行為を代行する摂政」も不可

それでは、どう対処したらよいのでしょうか。陛下は、次のように述べておられます。

⑥　天皇の高齢化に伴う対処の仕方が、国事行為や、その象徴としての行為を限りなく縮小していくことには、無理があろうと思われます。また、天皇が未成年であったり、重病などによりその機能を果たし得なくなった場合には、天皇の行為を代行する摂政《せっしょう》を置くことも考えられます。しかし、この場合も、天皇が十分にその立場に求められる務めを果たせぬまま、生涯の終わりに至るまで天皇であり続けることに変わりはありません。

　このように重病などによりその機能を果たし得なくなった場合の摂政制度に言及されながら、「しかし、この場合も、天皇が十分にその立場に求められる務め（役割）を果たせぬまま、生涯の終わりに至る」ことになると、婉曲な表現ですが（実は明確に）否定しておられます。

　念のため、「摂政」とは、政を摂る（大政を摂行する）ことです。古くは、推古女帝（592年、39歳で践祚）の御代に甥の皇太子聖徳太子（19歳）が、また斉明女帝（655年、62歳で重祚《ちょうそ》）の御代に息男の皇太子中大兄皇子（30歳）が、それぞれ女帝を補佐しておられます。ついで平安時代に入りますと、清和幼帝（858年、9歳で践祚）の御代に外祖父の太政大臣藤原良房（55歳）が、また朱雀幼帝（930年、8歳で践祚）

の御代に外戚（母方の弟）の藤原忠平（50歳）が、それぞれ幼帝の大政を代行しています。以後それが慣例となり、中世から近世の終りまで続いてきたのです。

しかし、明治（旧）と戦後（新）の「皇室典範」に定められた「摂政」は、従来のそれと著しく異なります。旧の第一九条と新の第十六条の①をみますと、天皇が成年の満十八歳に達せざるとき「摂政を置く」というケースは、古来の幼帝の代行に近いのですが、むしろ重要なのは次のような②のケースです。

（旧）「天皇久きに亙《わた》る故障に由り、大政（大権の執政）を親《みずか》らすること能はざるときは、皇族会議及び枢密顧問の議を経て、摂政を置く。」

（新）「天皇が、精神若《も》しくは身体の重患、又は重大な事故により、国事に関する行為をみずからすることができないときは、皇室会議の議により摂政を置く。」

これによれば、成年以後の天皇が長期的な故障（心身の重患）や突発的な事故により、天皇として必須の機能（役割）を行使できないような場合、所定の手続きを経て摂政を設置できることになっています。

とはいえ、これを実際に適用するとなれば、その決断が極めて難しいのです。それを具体的に示す先例が、今上陛下の祖父にあたる大正天皇の場合にほかなりません。まことに辛い話ですが、昨年（平成27年）ほぼ全面公開されました宮内庁編『大正天皇実録』と、それ以前から『原敬日記』などを基に研究してこられた古川隆久氏著『大正天皇』（平成十九年、吉川弘文館）によって、経緯を簡単に説明いたします。

大正天皇（幼名嘉仁《よしひと》親王）は、明治12年（1879）8月31日の御誕生当初から病弱で、再三危険な病状に陥り「脳膜炎」と診断されましたが、何とか成長して10年後に立太子礼を行われ、同33年（1900）九条節子《さだこ》妃（のち貞明皇后）と結婚されます。そして幸い翌34年4月に長男裕仁《ひろひと》親王（のち昭和天皇）、翌35年6月に次男雍仁《やすひと》親王（のち秩父宮）、38年1月に三男宣仁《のぶひと》親王（のち高松宮）を儲《もう》けられました。しかし、大正元年（1912）7月30日、33歳で皇位を継承して、同4年11月の即位礼・大嘗祭ころまでは何とか良かったのですが、同9年末ころから病状が急速に悪化しています。

そこで、大正9年（1920）正月から葉山の御用邸で静養されるようになりますと、内大臣松方正義などから「陛下御病気に付き摂政を置かれる」よう進言がありました。翌10年に入りますと、慎重だった総理大臣原敬なども決断に踏み切って、全国民に「陛下の御容態」を公表します。その矢先、原首相が暗殺されましたので、高橋是清が後任を拝命しますけれども、すでに天皇陛下（42歳）は「万機を親裁」することができず、皇太子殿下（20歳）臨席のもと、皇族会議と枢密顧問官会議が開かれ、11月25日「摂政の設置」が決定され、実施されるに至ったのです。

ただ、その際、侍従長正親町実正《おうぎまちさねまさ》が天皇陛下の御所から印判（「可」「聞」「覧」などの決裁印）を持ち出そうとしたところ、「これを拒ませ」られ、また半月後にも「己（天皇ご自身）は別に身体が悪くないだろ――」と当直者に話しかけられ、「誠に御痛はしい極み」だった（『侍従武官日記』）と伝えられています。

従って、それから5年間（同15年12月25日まで）「摂政宮」の立場で、名目だけの天皇として生きておられる父君に、しばしば「御面会」された皇太子裕仁親王（昭和天皇）の御心痛は、いかばかりであられたかと想います。

それは必ずや昭和天皇から今上陛下に語り伝えられたにちがいありません。『文藝春秋』のスクープ記事によれば、すでに6年前の参与会議で「大正天皇の先例について」次のごとく話されたそうです。

大正天皇の場合、病気が快方に向かいそうにないという医師の診断を根拠に摂政が置かれた。それは、大正天皇ご自身の意思に反するものであり、踏襲されるべき先例ではない。（それゆえ）前提として、天皇の高齢化という条件は必要だと考えるが、退位（譲位）は、天皇の自由な意思で行われなければならない……。

これは、大正天皇の嫡孫として、また近代史上で唯一「摂政」を体験された昭和天皇の後継者として、他のどんな人も窺い知ることのできない御心境に基づく厳しい御判断として、拝承しなければならないことだと思われます。

それにも拘らず、8月の「お言葉」放映後でも、明治以来の終身在位制度を絶対視して、どれほど高齢になられようが、摂政さえ置けば「何の問題もない」とか、「それで皇位の安定性が保たれる」などと、無神経に主張し続ける原理主義的な論者がいることは、摩訶不思議といわざるをえません。

三　臨終崩御に伴う皇室と社会の状況

昭和天皇の危篤から大喪儀の終了まで

8月8日の「お言葉」は、今上陛下が「個人としての考え」を率直に話されましたが、まさか「天皇終焉」前後のことまで具体的に言及されるとは、まったく思いもしませんでした。それが次の部分です。

⑦　**天皇が健康を損ない、深刻な状態に立ち至った場合、これまでにも見られたように、社会が停滞し、国民の暮らしにも様々な影響が及ぶことが懸念されます。**
更に、これまでの皇室のしきたりとして、天皇の終焉に当たっては、重い殯《もがり》の行事がほぼ2ヶ月にわたって続き、その後、喪儀《そうぎ》に関連する行事が、1年間続きます。

その様々な行事と、新時代に関わる諸行事が、同時に進行することから、行事に関わる人々、とりわけ残される家族は、非常に厳しい状況下に置かれざるを得ません。

こうした事態を避けることは出来ないものだろうかとの思いが、胸に去来することもあります。

これまた当事者である陛下ご自身の、辛い体験に基づく実感であり、また率直なご意向として、真摯に受けとめなければならないと思います。

ここに指摘されている経緯は、壮年以上の方ならよくご存じのはずですが、若い人々のために、昭和から平成の初めにどんなことがあったかを、簡単に振り返っておきます。

先帝の昭和天皇は、昭和62年（１９８７）４月29日、満86歳の天皇誕生日祝宴で体調に異変を生じ、その９月に肝臓癌の手術を受けられ、いったん良くなられたかにみえました。しかし１年後（87歳半）の９月19日、夜中に大量吐血して危篤状態に陥られ、それから１１１日後の翌64年（１９８９）１月７日朝、ついに崩御されてしまいました。

その間、当時の皇太子殿下（今上陛下）は、妃殿下や３名の御子様と共に、東宮御所から皇居の吹上御所へ毎日お見舞いに参上され、法律に基づいて「国事行為の臨時代行」を委《ゆだ》ねられ、象徴天皇としてのお務め代行に全力を注いでおられます。

一方、昭和の戦前・戦中・戦後を共に歩んできた多くの国民は、天皇陛下の重い病状をテレビや新聞で知って憂いに沈みながら、何とか良くなられることを心から祈って、いろいろ晴れがましい行事などを自粛し続け、社会全体が重苦しい空気に包まれたのです。

やがて新年早々の１月７日（土）午前６時半、皇太子・同妃両陛下はじめ皇族や身近な関係者に見守られるなか、静かに御息を引きとられますと、御遺骸は御所二階の病室から一階の御居間に移されました。

それから僅か4時間後（10時半）、宮殿の松の間で「剣璽等承継の儀」を経て天皇となられた今上陛下は、親族の方々と共に、以後13日間（19日まで）毎日、霊柩の前で拝訣《はいけつ》（お別れの仮通夜）をされました。

ついで1月19日、霊柩が御所から宮殿の松の間へ移され、ここを殯宮《ひんきゅう》（もがりのみや）として、以後37日間（2月24日まで）天皇・皇族をはじめ各界代表者が、毎日かわるがわるお参りする殯宮祗候《しこう》（本通夜）を行っておられます。

さらに、2月24日（崩御から49日目）朝、霊柩が皇居の殯宮から新宿御苑の葬場殿へ移され、10時から「皇室行事」として神式による「葬場殿の儀」が行われまして、天皇陛下が「誄《るい》」（弔辞）を読まれ、皇后陛下から順々に拝礼されました。

続いて正午から「国の儀式」として「大喪の礼」が行われまして、三権の長が弔辞を読み、内外の代表約1万人が拝礼しました。

さらにその夕方4時すぎから、八王子の武蔵野墓地で霊柩が石槨に埋納され、夜7時半から「皇室行事」として「陵所の儀」が行われ、天皇陛下が御告文を読まれ、皇后陛下はじめ全皇族から三権の長および各界代表まで順々に拝礼しています。

しかも、それから翌2年1月7日まで「諒闇《りょうあん》」と称する服喪期間とされました。ただ、初めの50日と次の50日間は、厳正な喪に服すため外出などを遠慮されましたが、4月16日の百日祭以後は「心喪」となり、平常に近い形で公務に（国内へのお出かけも）励みながら、同年11月の即位礼と大嘗祭に向けて、さまざまな準備も進めておられます。

そのように昭和天皇が危篤に陥られてから平成の大礼が終るまで2年2ヶ月近くにわたり、天皇・皇后両陛下をはじめ「残された家族」が「非常に厳しい状況下に置かれ」たことは、私どもの想像以上であったと拝察されます。

それゆえ、天皇陛下が今後は「こうした事態を避ける」ためにも、高齢を理由とする皇嗣（皇太子）への譲位を可能にしてほしい、と訴えておられるお気持を、政府も国民もよく理解して差し上げなければならないと思われます。

数年前に提起された火葬と陵墓の簡素化

ここで、あらためて思い出されるのが、すでに数年前から今上陛下が提起されましたた「今後の御陵及び御喪儀のあり方」です。それを承った宮内庁では、慎重に検討した結論を、平成25年（2013）11月14日に公表していますので（宮内庁ホームページに掲載）、その要点を紹介します。

（イ）陛下は「皇室の歴史の中に、御陵の営建や喪儀に関し、人々に過重な負担を課することを望まない、その考え方が古くよりあったことに、かねてより思いを致」され、「これからの御陵や御葬送全体についても、極力国民生活への影響がないものとすることが望ましいのではないか」と考えられると同時に、「従来の皇室のしきたりはできるだけ変えず、その中で今という時代の要請も入れて行動する」ことを心がけておられる。

（ロ）具体的には、東京都八王子市の「御陵用地に余裕がなくなってきている」ので、「今後品位を損なうことなく御陵を従来のものよりやや縮小する」ため、「御陵の歴史の中で、かつて合葬の例もあったことから、合葬というあり方も視野に入れてはどうか」との考えを示された。それに対して皇后陛下から、合葬は「あまりに畏れ多い」と遠慮され、今後は「用地の縮小という観点」から、皇后陵を「天皇陵のおそばに（並べて）置く」ことになった。

（ハ）　また、御喪儀のあり方に関しても、「今の社会では、現に火葬が一般化していること、歴史的にも天皇・皇后の葬送が土葬・火葬のどちらも行われてきたこと」から、今後は「火葬によって行うことが望ましい」と考えられ、火葬の専用施設を「多摩の御陵域内に設置」する場合も、「節度をもって、必要な規模のものに留めてほしい」と求められた。さらに、葬場殿の儀についても、「国民生活や環境への影響といった点に留意する」ことまで気遣っておられる。

これをみても、今上陛下は従来の在り方を単に踏襲するのではなく、古代以来の歴史を顧みられ、昨今の社会状況に照らして、何を残し何を変えることが望ましいか、を考え続けてこられたことがよく判ります。その最も大きな問題提起が、すでに6年も前から示されていた〝高齢譲位〟への道にほかなりません。

四　皇室が「国民と共に未来を築く」

「象徴天皇の務めが安定的に続いていくこと」

このように八月八日の「お言葉」は、「個人としての考え」を、ギリギリのところまで述べられ、最後に次のごとく語っておられます。

⑧　始めにも述べましたように、憲法の下《もと》、天皇は国政に関する権能を有しません。そうした中で、このたび我が国の長い天皇の歴史を改めて振り返りつつ、これからも皇室がどのような時にも国民と共にあり、相たずさえてこの国の未来を築いていけるよう、そして象徴天皇の務めが常に途切れることなく、安定的に続いていくことをひとえに念じ、ここに私の気持ちをお話しいたしました。

国民の理解を得られることを、切に願っています。

ここに今上陛下の念願（切望）がハッキリ示されています。たしかに天皇は、現行憲法の第四条で「国政に関する権能を有しない」と制約されています。しかしながら、それを

「天皇に対する感情」の意識変化

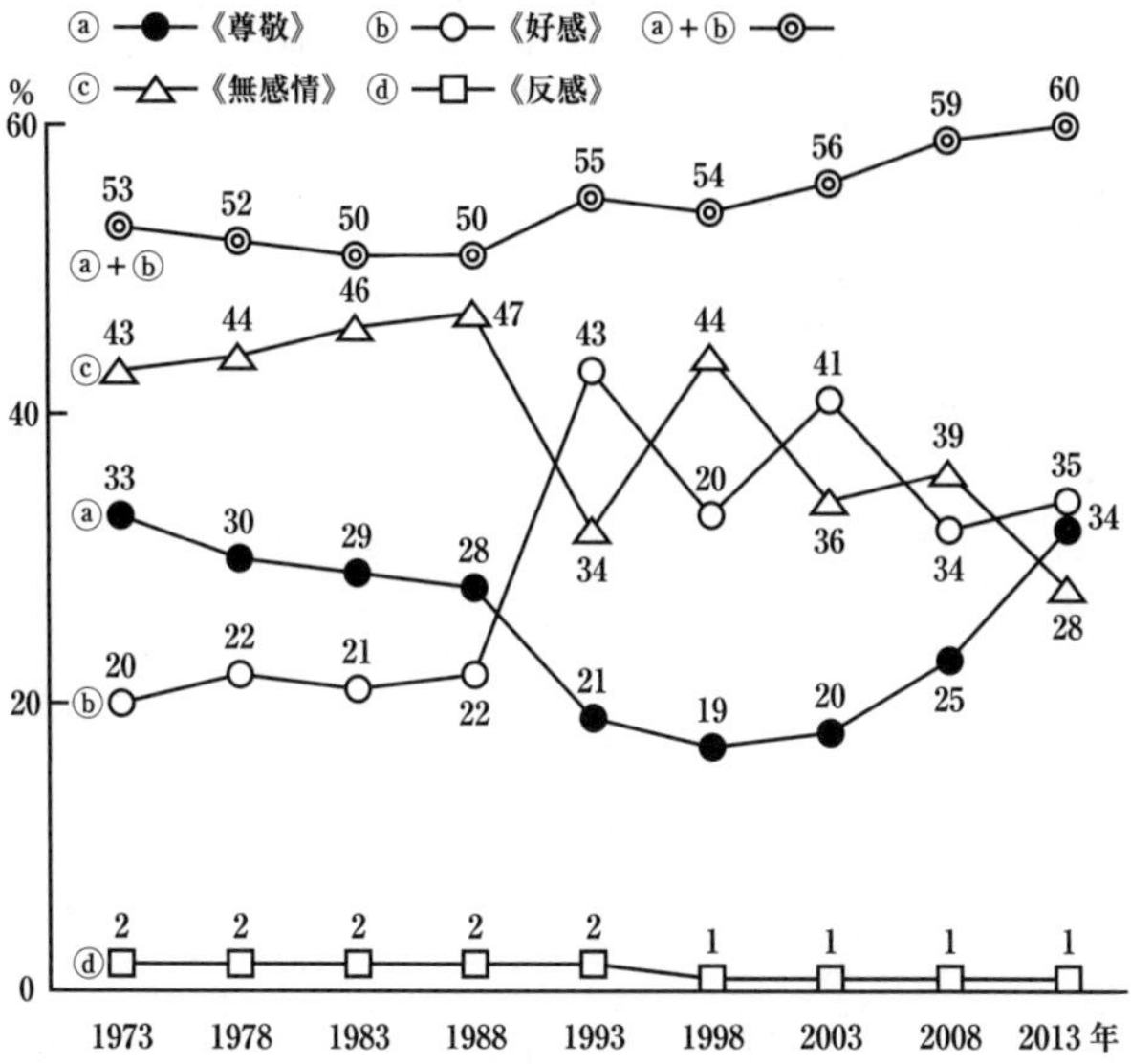

1973（昭和 48 年）～2013（平成 25 年） NHK「日本人の意識」調査

「図は 40 年間の推移である。図の左半分、昭和の時代には《無感情》が常に多数で 40% を超えていた。次いで《尊敬》、《好感》、《反感》という順番にも変わらず、割合にも大きな増減がなかった。昭和の時代は、天皇に対する感情は比較的安定していたと言える。

ところが時代が平成に移ると、それまで 20% 程度だった《好感》が倍増し、《無感情》や《尊敬》を上回って最も多くなった。それ以降は、調査のたびに《好感》と《無感情》が交互にトップとなっている。一方、《尊敬》は平成に入って減少し、20% 前後で推移していたが、08 年に 25% に増えた。今回も増加して 34% となり、《好感》の 35% と並んだ。これは平成になってからでは最多であり、73 年の 33% と同じ水準である。反対に《無感情》は今回 28% に減少し、これまでで最も少なくなった」

（NHK 世論調査部編『放送研究と課題』2014 年 5 月号所載「日本人の意識変化 40 年の軌跡（2）」より。図にａ＋ｂを追加）

ふまえた上で、2千年近い天皇（皇室）の歴史を振り返り、その望ましい在り方を考えて「これからも皇室がどのような時にも国民と共にあり、相たずさえて国の未来を築いていけるよう」にすることこそ、最も大事な基本理念と認識しておられます。いわば〝君民一体の国作り〟にほかなりません。

しかも、そのためには、天皇陛下ご自身が「象徴としてその務め」（役割）を「常に途切れることなく」果たすことによって「安定的に続いていくこと」が必要です。だからこそ、高齢化による「身体の衰え」が進めば「全身全霊をもって象徴への務めを果たしていくことが難しくなる」と自覚され、それを受け継ぐことのできる皇嗣（皇太子）に「天皇としての全権と責任を譲らなければならない」と決意されたことが、よく判ります。

これを裏返して、もう少し具体的に考えてみましょう。まことに畏れ多いことながら、もし83歳の今上陛下が、三笠宮崇仁《たかひと》親王のように100歳以上の長寿を保たれまして在位を続けられますと、現在56歳の皇太子殿下は、途中で「摂政」に就任されるとしても「天皇の代行」にすぎません。

そして皇太子殿下が、仮に80歳前後で皇位を継承され、もし20数年在位されますならば、その弟の秋篠宮殿下は100歳近くなって皇位を継がれることになりましょう。しかし、その長男の悠仁親王は、60数歳でようやく皇太子に立てられても、直ちに「摂政」を務めなければならない、というような事態になりかねません。

これが超高齢化の進む21世紀に、天皇の終身在位制度を固守した場合に予想される姿だとすれば、今上陛下が体現してこられたような「象徴天皇としての務め」をつねに途切れることなく「安定的に続けていくこと」は、極めて難しいでありましょう。

もちろん、現行法では、高齢化が進み不治の重患によりそれが出来なくなれば「摂政」に代行を委ねたらよいことになっています。しかし、大正天皇の例をみても、摂政を設置する決定も、それから崩御までの対応も、決して生易しいことではありません。

そうであれば、万一に備えて、現行典範第四条の「天皇が崩じたとき」は残しておき、新たに「又は天皇が退いたとき」を付け加えて、「皇嗣が直ちに即位する」という二つの道を開いておくことが、将来のためにも必要だと思われます。

「能動的」な象徴天皇の「新しい親政」

今回の「お言葉」では、初め（①）にも終り（⑧）にも、象徴としての立場を「現行の皇室制度に具体的に触れることは控え」「国政に関する権能は有しません」と、わざわざ断っておられます。それにも拘わらず、現行典範の原則にない「生前退位」（高齢譲位）の必要性を暗示するような「お言葉」を公表されたのは何故でしょうか。

それは現行憲法の第一条に定める「日本国の象徴」「日本国民統合の象徴」を、単なる地位ではなく、象徴としての役割と解され、その「務め」を自ら実践することにより、「日本国民の総意」に応えることができる、と考えておられるからだと思われます。

この点に関して、長らく（平成20年から27年まで）「宮内庁参与」を務めた近代史学者（政治外交史）の三谷太一郎氏（昭和11年生まれ、東大名誉教授・文化勲章受章者）は、朝日新聞の8月18日朝刊に掲載されたインタビューで、次のごとく話しておられます（東京新聞・10月2日朝刊、毎日新聞・10月17日朝刊なども同趣）。

（イ）「お言葉」には「象徴天皇の〝能動性〟が強く出ていた」「天皇は『国旗』のような単に静的な〝国の象徴〟ではなく、動的な〝国民統合の象徴〟でもある、ということに力点が置かれている」「ただ存在するだけの消極的な存在ではなく、国民統合の象徴であることを、日々の行動によって実証しなければならない、という緊張感・責任感が感じられ」た。

（ロ）陛下は「象徴天皇の任務に強い責任感があり、その任務を現に果たしているという自負があって、摂政では天皇は代行できない、天皇は積極的な行動者でなければならない、と考えておられる」ので、「高齢化に伴い気力や体力が弱ったならば、自らの意思で譲位する以外の選択肢はない、と考えておられる」

（ハ）「憲法上の制約があることを踏まえた上で、天皇は自由な意思と責任の主体である、という自覚が〝お言葉〟には強く出ている」「天皇ご自身の人間的尊厳の表明といってもよい」「今回の意思表明は、戦後の出発点となった昭和天皇の〝人間宣言〟（君民相互の「信頼と敬愛」）を承継している」

（ニ）「伝統の継承者」として「いかに伝統を現代に生かし、いきいきとして社会に内在し、人々の期待に応えていく」と言われるのは、「国民統合の象徴としてその任務に責任を負う、その責任が果たせなくなったら自分の意思で退位する、それを〝新しい伝統としたい〟」と考えておられる。

（ホ）「象徴天皇」とは、「天皇（皇位）に就いた人が、自ら形成していかなければならない」から、「天皇自身が、憲法の枠内で、自由意思を持つ者として、どうしたら国民統合の象徴の務めを果たせるのか、考えていかねばならない」「旧憲法下の天皇よりも強い能動性を持ちうる可能性がある。今の天皇は、その可能性を積極的に開いていこうとされている」

これは、現行憲法上の天皇を「象徴にすぎない」と過小に評価したり、「象徴であらせられる」と過大に祭り上げてきた従来の解釈と大きく異なります。しかしながら、言われてみれば、成程そのように理解することは十分可能です。何より今上陛下が「国民統合の象徴」として能動的に任務（役割）を果たし続けて来られた理由が、これでよくわかるように思われます。

しかも、このような象徴天皇観をまともに受け止め、ユニークな「天皇親政」論を唱え始めた若い論者がいます。8月8日の「お言葉」を拝聴してから間もなく「新しい時代の〝天皇親政〟」と題する論文を書いた村上政俊氏です。それが『新潮45』10月号に掲載され、早速通読して的確な論旨に鋭さを感じました。

村上氏（昭和38年8月大阪生まれ）は、東大の法学部を卒業して外務省に勤務し、見込まれて平成24年から衆議院議員に選ばれましたが、昨年からは同志社大学と皇學館大学で兼任講師として研究と教育に取り組んでいます。

この論文で注目されるところは、既製の観念的な憲法解釈にとらわれることなく、具体的に天皇の歴史を精査し現状を直視して、独自の象徴論を展開していることです。

すなわち、「占領軍主導による日本国憲法制定によって、天皇親政は完全否定されたかにみえるが、実際には、天皇の手にする権能が、天皇大権から象徴としての権能に変化しただけで、その有り様は大きく変化していない」と理解し、その上で、「いわば〝現代版の天皇親政〟という天皇陛下のお考えは、こうした象徴としての権能を、皇族摂政が代行するのではなく、現に位にある天皇自身が行使すべきだ……高齢で務めが果たせないならば譲位すべきだというお考えだ」と解釈しています。

従って、今後「天皇陛下の譲位によって復活する上皇は……（新）天皇を実質的な存在であり続けさせるために誕生する」のだから、「新帝陛下は……公務遂行可能な天皇として即位される」ことになり、「そうした実質的な存在としての天皇を、上皇陛下が輔導し、皇太弟殿下が支えるという役割分担」の行われる「新しい形」の皇室像を描いています。

このような新見解には、いろいろな批評が出るかもしれません。しかし、その柔軟な発想と斬新な立論は、今上陛下の考えを最も良く判っておられる前述の三谷元参与が力説される見方にも大旨合致していますから、やがて広く受け容れられるものとみられます。

〈追記〉念のため、8月8日の「お言葉」公表は、もちろん陛下の私的行為でなく、公的行為として事前に内閣の助言も承認も得ていることを、関係者が明言しています。

第三章

憲法の規定する象徴世襲天皇

一　古代の「律令」と近代的な「典憲」

「憲法」も「律令」も「詔勅」も「ノリ」

普通「憲法」といえば、なんとなく小難しいものと敬遠されかねません。文学部史学科出身の私も、かつてはそうでありました。しかし、京都産業大学へ勤めて3年目（昭和59年）、急に教養部から法学部への異動を求められ、「日本法制史」の講義とゼミを担当することになり、必要に応じて『六法全書』などを紐解いてみると、意外に面白いところもあることに気づいたのです。

ところで、法制史（法史学）の常識でありますが、古代の「憲法」は、「律令」「格式」や「詔書」「勅書」と同じく、大和言葉で「ノリ」と訓みます。

ただ、聖徳太子の作と伝えられる、7世紀初めの「憲法」十七条は、天皇に仕える臣僚（官人）が守るべき規範でありました。また、8世紀初めの大宝・養老年間にできました「律令」も、9世紀初めから三代にわたり編纂された「格式」にしても、中央・地方の官人・庶民たちが守らなければならない規則でした。

さらにいえば、そうした古代の「憲法」や「律令」「格式」の上に立つ「天皇」（和訓はスメラミコト）から臣民らに対して口頭で「宣告」（ノリ）される「お言葉」は、最高の「ノリ」であり、それを文書で示される「詔書」や「勅書」も、「宣命」「宣旨」も、みな「ミコトノリ」にほかなりません。

これが何よりも重要なことは、聖徳太子「十七条憲法」（原漢文）の第三条に、次のように示されております。

詔を承けては必ず謹め（承詔必謹）。君《きみ》は則ち天なり、臣《おみ》は則ち地なり。天覆ひ地載す。……君言《のり》たまへば民承はり、上行《かみ》へば下靡《しもなび》く。故に、詔を承けては必ず慎め。謹まざれば自ら敗れん。

この「承詔必謹」という考えは、古代以来、1400年以上にわたり、わが国の為政者たち（貴族も武家も）が原則として守るべき掟とされ、また一般庶民の多くも、それを日本人の心得としてきました。今回の「お言葉」を、そのような「ミコトノリ」として受けとめた良識的な方が、極めて多いのではないかと思われます。本章では日本史上における法が天皇・皇室をいかに規定していたか、その問題点を含めて見ていきたいと思います。

日本的な「神祇令」と「継嗣令」の特色

ほぼ7世紀代に準備を進め、8世紀初めに公布された日本の「律令法」は、制定・修正当時の年号を冠して「大宝律令」（701年）・「養老律令」（718年）と称されます。それは、おもに唐代の律令を手本にして作成されたものですから、おおまかな原則は双方共通していますが、日本的な特色も盛り込まれています。

例えば、律（刑法）も令（行政法）も、皇帝・天皇が主体となって制定する規則なので、皇帝・天皇はそれに拘束されません。現に唐と日本の「名例律《みょうれいりつ》」では、「非常の断、人主これを専らにす」と注記しています。それゆえ、太政官・刑部省が大罪人の「死刑」を決定しても、上奏を御覧になる天皇が執行を許可されないかぎり死刑は執り行われず、平安時代には300年近く公的な死刑は執り行われませんでした。

一方、日本令は、唐令と違って、一般行政を司る「太政官」とは別に、神祇行政を司る「神祇官」を設けています。そして、「神祇令」を「僧尼令」より前に置き、たとえば次のようなことを定めております（原漢文）。

およそ天皇即位したまふときは、惣《すべ》て天神地祇を祭れ……。

およそ践祚の日、中臣が天神の寿詞《よごと》を奏し、忌部が神璽の鏡剣を上れ。

およそ大嘗は、世（一代）毎に一年、国司（悠紀《ゆき》・主基《すき》の両国）が事を行へ。以外（新嘗祭）は年（一年）毎に所司（神祇官）が事を行へ。

また、日本の「継嗣令《けいしりょう》」は、唐の「封爵令《ふうしゃくれい》」を手本にしています。しかしながら、唐令では、皇帝が諸侯に官爵を授ける規定を中心にしたものであるのに対して、日本令では、皇族身分の範囲や貴族（三位以上）と准貴（四・五位）の継承と婚姻に関する規定であり、著しい違いが見られます。とりわけ冒頭に次のように定めています。

およそ皇（天皇）の兄弟と皇子を皆親王と為よ。〔女帝の子、亦同じ〕以外は並びに諸王と為よ。親王より五世は、王の名を得たりと雖《いえど》も、皇親の限（範囲）に在らず。

これは、今後の皇位継承問題を考えるときにも思い起こすべき重要な一条です。ここでいう「皇子」が「皇女」を含み、また「親王」が「内親王」を含み、さらに「王」が「女王」を含むことは、「継嗣令」の末尾を参照すれば明らかです。

およそ王（男子の王）が親王（女子の内親王）を娶り、臣（男子の臣下）が五世の王（女王）を娶る事を聴《ゆる》せ。唯、五世の王（男王）は親王（内親王）を娶る事を得ざれ。

この中で「兄弟」も「姉妹」を含むとみられます。これは父方と母方を峻別する唐令と異なり、日本令では、父方を優先しながら母方も包括する慣習に由来します。

そこで、一層注目されるのは、「親王」（内親王も含む）の本注（本文と同等の法的な効力をもつ）に「女帝の子、亦同じ」と明示していることです。それは「男帝」を優先しながらも「女帝」を公認して、その女帝が親王か王と結婚されて生まれる「子」を「親王」（女子なら内親王）とすることも容認していたということです。

現に大宝令の基礎となる制度を作られた持統天皇は「女帝」であり、また養老令を公布されたのは、草壁皇子（天武天皇と持統天皇の皇子）と元明女帝の間に生まれ、その母帝から譲位された元正女帝（氷高《ひだか》内親王）なのです。

皇室家法の「皇室典範」と国家法規の「帝国憲法」

このような律令法は、武家が政治権力を持ち、武家法で実効支配の行われてきた中世から近世にも、名目的であれ日本国の最高法規として存在し続けました。それを実質的に再興しようとしたのが、慶応3年12月9日（1868年1月3日）の「王政復古」であり、「太政官制」です。

しかし、まもなく慶応4年＝明治元年3月14日（1868年4月6日）に「五箇条の御誓文」を国是として掲げた新政府は、第一条の「広く会議を興し、万機公論に決すべし」という大方針に則り、「立憲公議政体」を実現するため、近代的な憲法と国会の開設に向けて動き始めました。

そして早くも明治9年（1876）元老院で作成された「国憲按」は、後の「皇室典範」と「帝国憲法」を一体にしたようなものですが、その第一編第二章「帝位継承」に、次のように定めています。

第二条　継承の順序は、嫡長入嗣の正序に従ふ可し。尊系は卑系に先《さきだ》ち、同系に於ては親は疎に先ち、同族に於ては男は女に先ち、同類に於ては長は少に先つ。

第四条　女主入て嗣ぐときは、其の夫は決して帝国の政治に干与する事無かる可し。

これによれば、帝位（皇位）の継承者は、嫡子（正室の子）の系統で、当帝の近親中、男子の嫡子を優先する。けれども、嫡子がいなければ庶子（側室の子）も女子も否定しない。それどころか、皇族女子が「女王」（女帝）となり、結婚して「夫」（皇婿）をもつことさえ容認しています。

しかし、この「国憲按」は二次案・三次案まで作られましたが、右大臣岩倉具視の反対によって採用されませんでした。

ついで同10年代後半から「典範」と「憲法」を分けて作ることになりまして、同18年（1885）宮内省の制度調査局で起草した「皇室制規」には、次のように定められています。

第一条　皇位は男系を以て継承するものとす。もし皇族中、男系絶ゆるときは、皇族中、女系を以て継承す。男女系、各々嫡を先にし庶を後にし、嫡庶各々長幼の序に従ふ可し。

第七条　皇女もしくは皇統の女系にして、皇位継承の時は、その皇子に伝へ、もし皇子なきときは、その皇女に伝ふ……。

この段階でも、男系男子を優先しながら「女系」「女帝」を公認しています。しかし、そのころ伊藤博文のもとで活躍した井上毅が、右の案に反対して、同22年（1889年）制定の「皇室典範」第一章「皇位継承」では、次のように明文化されました。

第一条　大日本国皇位は、祖宗の皇統にして男系の男子これを継承す。

しかも、それは皇室の家法として帝国議会の関与を認めない独立法ですが、それと並び立つ「大日本帝国憲法」でも、次のように規定しています。

第一章「天皇」第二条　皇位は皇室典範の定むる所に依り、皇男子孫これを継承す。

こうして、大宝令（701年）以来、1200年近く律令法で公認され、また明治前半でさえ容認する案の出ていた「女帝」が（その結婚による「女系」も）、国法上全く否定されるに至ったのです。

二　被占領下で制定された象徴天皇制度

「国民統合の象徴」という表現の由来

このような「皇室典範」と「帝国憲法」を並立する根本法とした明治以降の典憲体制は、それ以前の律令体制と異なり、西洋の近代法に倣って、天皇（君主）を典憲の規定に従う国家機関の担い手にしたのです。それまで無制限だった天皇の機能（実権は太政官や幕府に委任された）は大幅に制約され、内閣や国会が実権をもっていました。

たとえば帝国憲法の第四条では、「天皇は国の元首にして統治権を総攬」する立場にありますが、続けて「この憲法の条規に依り（従い）これを行ふ」とし、また第五条に「天皇は、帝国議会の協賛を以て立法権を行ふ」などと定められています。そのためか、国際連盟の事務次長を務めた新渡戸稲造は、昭和6年（1931）刊の英文著書『日本――その問題と発展の諸局面』の中で、次のように説明しています。

Emperor is thus the representative of the nation and the symbol of its unity.
（天皇は国家の代表者であり、国民統合の象徴である。）

つまり、明治憲法下における天皇は、「国の元首にして統治権を総攬」すると位置づけられていますが、それよりも政治的な実権を超えた権威ある「国民統合の象徴」と理解されていたことがわかります。

しかし、そのころから、日本国内で天皇を憲法下の国家機関ではなく、国家の主体的存在と強調する見方が有力となりました。しかも、憲法の第一一条に「天皇は陸海軍を統帥す」と定められており、帝国の「大元帥」として、絶大な軍事力を掌握する権力者のごとく見なされるようになったのです。

その挙句、昭和20年（1945）8月、米英などの連合国と戦って敗れた日本へ進駐した占領軍GHQ（連合国軍最高司令官総司令部）は、我が国を彼らの脅威とならないように弱体化するため、天皇を中核とする明治以来の典憲体制を解体し始めました。

その第一弾として「帝国憲法」の全面改正を迫り、ついで第二弾としてGHQの作成した英文草案をもとに、新憲法を制定するよう命じたのです。

ただし、彼らは占領行政を遂行するために、天皇を利用する必要があると考え始めました。とりわけ最高司令官のD・マッカーサーは、昭和21年2月3日、憲法起草の前提となる三原則の第一に、次の三項を示しています。

天皇は、国家元首の地位にある。（Emperor is at the bead of the state）
皇位の継承は、世襲である。（his sucssetion is dynastic）
天皇の職務と権能は、憲法に基いて行使され、憲法の定めるところにより国民の基本的意志（the basic will of the people）に応えるものとする。

つまり、マッカーサー自身は、天皇が「国家の元首」であることも、また皇位継承が「世襲」であることも当然のごとく認めています。ただし、その「職務と権能」の行使は「国民の基本的意志に応えるもの」でなければならない、という条件を付けています。

それを受け取ったGHQの民政局（ホイットニー局長、ケーディス次長やG・ネルソンら）は、「元首」の表記を認めたら旧憲法と変わらないように思われるから、英国W・バジョットの『イギリス憲政論』（1867年）にみえる「君主は……目に見える統合の象徴」という表現を参考にして、新憲法案の第一条に「象徴」という表現を用いたといわれています。

「帝国憲法」を改正した形の新憲法

こうしてGHQの作成した草案は、2月13日に日本政府へ渡され、それを基礎にした「憲法改正草案」が4月17日に政府から発表されました。その改正草案は、昭和天皇により直ちに枢密院で審査せしめられ、ついで6月20日に開会した第九十一回帝国議会に提出されました。そして衆議院で約2ヶ月、貴族院で1ヶ月半近く審議の上、さらに再び枢密院に諮詢《しじゅん》して、10月29日可決されました。

それによって成立した「日本国憲法」は、昭和21年（1946）11月3日。昭和天皇が公布されることになったのです。その公布公文に次のように記されています。

朕は、日本国民の総意に基いて、新日本建設の礎《いしずえ》が定まるに至ったことを、深くよろこび、枢密顧問の諮詢及び帝国憲法第七十三条による帝国議会の議決を経た帝国憲法の改正を裁可し、ここにこれを公布せしめる。

御名（自署「裕仁」）　御璽　（押印「天皇御璽」）

これを見る限り「日本国憲法」は「帝国憲法の改正」という形をとったことになります。とりわけ、その公布月日を当時まだ「明治節」と称される国家的祝日であった明治天皇の御誕生日としたのも、それが明治憲法と連続性のある改正憲法にほかならない、ということを強く印象づけるためであったとみられます。

しかも、その前文で「ここに主権が国民に存することを宣言し、この憲法を確定する。」と揚言して、明治の欽定《きんてい》（天皇が欽《よろこ》んで定める）憲法と本質的に異なる原理を示しながら、本文の第一章は、旧憲法と同じく「天皇」としています。

憲法の第一章は、いわば国の顔を表す最も重要なところですから、日本は従来どおり「天皇」を国家の代表とし国民統合中心と仰ぐことに変わりがない、という理解を可能にすることで、GHQとしては、それによって日本国民の多くが新憲法を受け入れ、占領行政が進めやすくなると見込んでいたものと思われます。

もちろん、新憲法を全体的に見れば、根本的な疑問点が少なくありません。本書の主題から外れますが、第二章「戦争放棄」の第九条は、前文と同様に、旧憲法に背反する占領政策の産物とみるほかないでしょう。これは前述のマッカーサーが憲法起草の原則を示したノートの第二にある、次のような厳しい考えを基に条文化したものです。

国の主権的権利としての戦争は廃止する。

日本は、紛争解決のための手段としての戦争、および自己の安全を保持するための手段としての戦争をも放棄する。日本は、その防衛と保護を、いまや世界を動かしつつある崇高な理想にゆだねる。いかなる日本の陸海軍も、決して認められず、いかなる交戦者の権利も、日本軍隊には決して与えられない。

これによれば、戦勝連合国軍の最高司令官マッカーサーは、敗戦日本国から一切の軍隊を除去して「自己の安全を保護するための手段としての戦争（個人なら正当防衛）をも」全面否定することを命じたのです。そういう過酷な状況下でありながら、新憲法の第一章に「天皇」が温存されたのは、奇蹟に近い不幸中の幸いといえるかもしれません。

象徴天皇の史的論拠を示した津田左右吉博士

ただ、ＧＨＱが「天皇」を新憲法の顔とした（せざるをえなかった）のは、その天皇を仰ぎ心の拠り所とする日本人が、当時も大多数いたために、それを無視したり軽視したりできなかったからだと思われます。

しかも、そのような天皇敬愛の国民思想を、早くから文献的に解き明かし、敗戦直後にそれを歴史的に論述されたのが、津田左右吉《そうきち》博士（68歳）です。

津田博士は、大正時代から『古事記』・『日本書紀』などを文献学的に厳しく批判したことが誤解され、昭和13年（１９３８）その主著が発禁処分となりました。それにも拘らず、戦後は従来以上に皇室への敬愛を強め、その重要性を一般国民に説き示そうとして、まず最初に執筆したのが、創刊まもない『世界』の昭和21年4月号に掲載された論文「建国の事情と万世一系の思想」（岩波文庫『津田左右吉歴史論集』所収）です。

その長い論文の要点を抄出しますと、「皇室の永続した」理由として「権家（権力者）はいかに勢威を得ても、皇室の下における権家としての地位に満足し」てきたが、それは「皇室の伝統的権威があった」からであり、「歴代の天皇が……民衆に対して仁慈なれといふことを考へられ……それが皇室の伝統的精神として次第に伝へられてきた」からだとあります。

しかも、今や「国家の政治は国民自らの責任をもって自らすべきもの」となったのですから、「この思想と国家の統治者としての皇室の地位とは、皇室が……外部から国民に臨まれるのでなく、国民の内部にあって国民の意思を体現せられることにより、統治をかくの如き意義において行はれることによって調和せられる。」というのです。

さらに「具体的にいふと、国民的結合の中心であり国民的精神の生きた象徴であらせられるところに、皇室の存在の意義があることになる。そして、国民の内部にあられるが故に、皇室は国民と共に永久であり、国民が父祖子孫相承けて無窮に継続すると同じく、その国民と共に万世一系なのである。」と結論づけています。

その上「二千年の歴史を国民と共にせられた皇室を、現代の国家、現代の国民生活に適当する地位に置き、それを美しく、それを安泰にし、さうしてその永久性を確実にするのは、国民自らの愛の力である。……かくの如く皇室を愛することは、おのづから世界に通ずる人道的精神の大いなる発輝でもある。」とまで述べています。

ここで注目すべきは、右の論文が書かれた時期です。それは昭和天皇が「新日本の建設に関する詔書」（いわゆる天皇の人間宣言）を出された元日から、GHQが憲法草案を作り始めた2月上旬以前ですから、その内容をGHQが知りえたかどうかわかりません。しかし、津田論文に、皇室（天皇）の存在意義は「国民的結合の中心であり国民的精神の生きた象徴であらせられるところ」だと明確に指摘しているのは、新憲法の第一条に通ずる天皇観が日本のリベラルな知識人にあったことを裏付けるものとみられます。

「日本国憲法」 第一章 天皇

第一条〔天皇の地位・国民主権〕
天皇は、日本国の象徴であり日本国民統合の象徴であつて、この地位は、主権の存する日本国民の総意に基く。

第二条〔皇位の継承〕
皇位は、世襲のものであつて、国会の議決した皇室典範の定めるところにより、これを継承する。

第三条〔天皇の国事行為と内閣の責任〕
天皇の国事に関するすべての行為には、内閣の助言と承認を必要とし、内閣が、その責任を負ふ。

第四条〔天皇の権能の限界、天皇の国事行為の委任〕
天皇は、この憲法の定める国事に関する行為のみを行ひ、国政に関する権能を有しない。
2 天皇は、法律の定めるところにより、その**国事に関する行為を委任することができる。**

第五条〔摂政〕
皇室典範の定めるところにより摂政を置くときは、**摂政は、天皇の名でその国事に関する行為を行ふ。**この場合には、前条第一項の規定を準用する。

第六条〔天皇の任命権〕
天皇は、国会の指名に基いて、**内閣総理大臣を任命する。**
2 天皇は、内閣の指名に基いて、**最高裁判所の長たる裁判官を任命する。**

第七条〔天皇の国事行為〕
天皇は、内閣の助言と承認により、国民のために、左の国事に関する行為を行ふ。
一 憲法改正、法律、政令及び条約を公布すること。
二 国会を召集すること。
三 衆議院を解散すること。
四 国会議員の総選挙の施行を公示すること。
五 国務大臣及び法律の定めるその他の官吏の任免並びに全権委任状及び大使及び公使の信任状を認証すること。
六 大赦、特赦、減刑、刑の執行の免除及び復権を認証すること。
七 栄典を授与すること。
八 批准書及び法律の定めるその他の外交文書を認証すること。
九 外国の大使及び公使を接受すること。
十 儀式を行ふこと。

第八条〔皇室の財産授受の制限〕
皇室に財産を譲り渡し、又は皇室が、財産を譲り受け、若《も》しくは賜与《しよ》することは、国会の議決に基かなければならない。

三　象徴天皇は「世襲」による「君主」

「日本国の象徴」「国民統合の象徴」とは

こうして「日本国憲法」は、昭和21年の11月3日に公布され、半年後の翌年5月3日から施行されました。その第一章は、前述のとおり、旧憲法と同じく「天皇」です。それをどの程度どのように受けとめるかによって、天皇観・皇室観が大きく分かれます。

この憲法の解説書は、公布当初から今日まで70年間に、大小何百冊も出ています。そのうち私が見た百冊近くは、大半が「天皇」の章を立てず、「国民主権」章の一部で簡単に触れる（しかも多くは批判する）にすぎません。

ただ、逐条の注釈書はそういうわけにいきません。ここには、比較的広く知られている影響力の大きい宮沢俊義氏著・芦部信喜氏補訂『全訂日本国憲法』（昭和53年初版、日本評論社。以下略称「全訂本」）を随時引用いたします。

まず第一条は、よく知られているように次の通りです。

天皇は、①日本国の②象徴であり、③日本国民統合の④象徴であって、⑤この地位は、主権の⑥存する日本国民の総意⑦に基く。

この第一条について「全訂本」をみると、①この「天皇」は「国家機関としての役割」（地位）をさし、②「日本国」は「日本国家の公式の呼び名（国の名）」であります。

そして、③「象徴」とは「抽象的・無形的なものをあらわすところの具体的・有形的なもの」であり、「世襲君主に伴う神話的・伝統的ないしカリスマ的な後光が……象徴としての機能をきわめて効果的にしている」と説明しています。

また、④「日本国の象徴」とは、「天皇という国家機関が国の象徴たる機能を営むことを憲法が承認することを意味」しており、⑤「日本国民統合の象徴」とは、「人的に考えられた日本国家の象徴を意味する」とあります。

さらに、⑥「主権」は、「国の政治のあり方を終局的に決定する力または意志の意」であり、また⑦「総意」は、「単に意志の意」であるが、「ルソー（『社会契約論』1762年）は、個々の国民の意志の総体を〝総体意志〟……それを越えた……国民全体の意志を〝一般意志〟と呼んだ」ことを紹介しています。

このような注釈は、他の解説書とあまり変わりません。ただ、ちょっと驚いたことに、本書は「日本国憲法の天皇が……君主であり元首であると見ることは、理論上むずかしい」から、「今の日本は、共和制といわざるを得ない」と解しています（45～46頁）。

しかしながら、これは本当なのでしょうか。

美濃部達吉博士の「立憲君主政体」論

「全訂本」がこう結論づけるのは、「君主」「元首」の定義いかんによります。

まず「君主に必要な標識」として、「（a）独任機関であること、（b）統治権の主要な部分、すくなくとも行政権を有すること、（c）対外的に国家を代表する資格を有すること、（d）多かれ少なかれ、一般国民とは違った身分を有し……多くの場合、その地位は世襲であること、（e）……その地位に何らかの伝統的ないしカリスマ的な威厳ないし総意が伴うこと、および（f）国の象徴たる役割を有すること」などをあげています。

その上「明治憲法の天皇は、明らかに君主の性格をもっていたが、日本国憲法の天皇は、その性格をもっていないと解すべきだろう」というのが「全訂本」の立場です。

同じく「元首」についても、「元首とは、国の首長（head of the state）であり、主として対外的に国家を代表する資格を有する機関をいう」が、「日本国憲法の天皇は、それらの機能をまったくもっていない」のであるから、「元首ということはできない」と結論づけています。

ところが、「全訂本」の原著者である宮沢俊義氏の恩師美濃部達吉博士は、昭和22年4月刊の『新憲法概論』（有斐閣）で、次のごとく明確に説明しておられます。（同年10月刊『新憲法の基本原理』国立書院なども同内容）。

我が新憲法における天皇も、英文にはEmperorと称してをり、その地位は世襲であって、国法上及び国際法上に君主としての栄誉権を保有したまふのみならず、国家統治の機能についても極めて限定せられたものとは言ひながらも、なほ国会の召集や衆議院の解散のごとき国会の上に立ってこれに命令する機能が与えられてをり、かつ御身をもつて国家の尊厳を代表したまふのであるから、なほ憲法上に君主の地位を保有したまふものと見るべく、新憲法が国民主権主義を国家組織の基礎と為してをるにも拘らず、国の政体としては、なほ君主政を支持し、共和制を取ってをるものではない、と解せねばならぬ。

これは、枢密顧問官として新憲法の制定に関わった憲法学者の見解であり、当時のベストセラーです（数十版を重ねています）。その影響力が大きかったことは、貴族院議員として恩師以上に深く関わった宮沢俊義氏も例外ではありません。

その宮沢氏が『法律時』創刊号（昭和22年1月発行）に載せた「日本国憲法と天皇制」には、次のごとく記されています。

「君主」の本質は、その統治的機能の有無ないしその範囲の大小にするのではなくて、多かれ少なかれ伝統的・世襲的な威厳を与えられ、国の象徴たる機能を営むところにあると考えられるならば、日本国憲法の下の天皇は〃君主〃だと説くことが、むしろ通常の言葉の使い方に適合するだろうとおもう。

何と、それが新憲法の公布直後（施行以前）に公表された宮沢説です。しかも、この論文は、「全訂本」の原本を出した昭和30年よりも後の同44年3月刊『憲法と天皇』（東大出版会UP選書）に堂々と収録されています。戦後の憲法各界に君臨した大御所とみられる宮沢氏が、新憲法下の象徴天皇を、一方で「〃君主〃だ」と説き、他方で「理論上むずかしい」と評していたのは、これこそ自己〝矛盾〟というほかありません。

政府も内閣法制局も「天皇は元首」と説明

では、この点について、戦後の政府と内閣法制局はどのような見解をとってきたのか。

国会の議事録を調べてみると、いささか及び腰ながら、一貫して次のように答えています。

(イ)昭和36年(1961)4月28日、参議院内閣委員会
「天皇は……きわめて消極的でありますけれども、外国に対して一国を代表するような面をおもちになっており……やはり元首的性格であると言ってもいい……と思います。」

(ロ)昭和48年(1973)6月28日、参議院内閣委員会
「わが国は近代的な意味の憲法を持っており……それに従って政治を行う国家でございますから、立憲君主制と言っても差しつかえないであろうと思います。」

「今日では……実質的な国家統治の大権を持たなくても、国家におけるいわゆるヘッドの地位にある者を元首とするような見解も、有力になってきております。このような定義

によりますならば、天皇は現憲法下においても元首である、と言って差しつかえないと存じます。」

このように政府は、象徴天皇が「外国に対して一国を代表するような面」をもっているから「元首的性格がある」こと、わが国は「立憲君主制」をとり、その「ヘッドの地位にある者」として天皇が「元首である」との見解を公式に示しています。それは平成に入ってからも、基本的に変っておりません。

その背景には、昭和32年（１９５７）に発足した内閣の憲法調査会で、主要な資料を収集し多様な意見を聴取した成果があります。その詳細な『報告書』（同39年7月、大蔵省印刷局。国立国会図書館ＷＥＢ公開）をみますと、「天皇は〝象徴〟であっても、国を代表するものとしての元首たる地位にあると解釈することができる」という意見で、ほとんど一致しているのです。

とくに憲法調査会の会長を務めた東大名誉教授の高柳賢三氏が、「日本国憲法の天皇の章の解釈としては、日本が立憲君主国であり、天皇は象徴的元首である、とする原案起草者の解釈が正しい」（『自由』昭和37年5月号、翌年『天皇・憲法第九条』有斐閣）と明言しておられますから、それが政府見解のベースになっているとみられます。

なお、世界中の君主制を比較検討した大阪大学教授の榎原猛氏も、大著『君主制の比較憲法学的研究』（昭和44年4月、有信堂）の結論部分で、「天皇は広義において君主である。そして国家構造において、この天皇に相当の役割を与えている日本は、広義の君主国であるということができる。」「天皇は肇国《ちょうこく》（建国）以来、統治権の総攬者であり、法的権威の中心であった。そのことが国民の意識のうちに、天皇を国家的結合の中心、すなわち国家的象徴として仰ぐ観念的現象を、付随的に存在せしめてきた。」と説明しておられます。

天皇の地位は「世襲」により継承

象徴天皇は「君主」の要件とされることですが、その地位を「世襲」により継承します。それは憲法の第二条に、次のごとく定められています。

①皇位は、②世襲のものであって、③国会の議決した④皇室典範の定めるところにより、これを⑤継承する。

この第二条について「全訂本」をみますと、①「皇位」は「国家機関としての天皇の地位」であり、②「世襲」とは「ある地位（ことに公務の担当者たる地位）に即《つ》く資格が、一定の血統に属する者のみに認められること」で「この場合は、従来の天皇の血統（明治皇室典範にいわゆる「祖宗の皇統」）に属する者に限られる」とあります。

また、③「国会」は「日本国憲法第四十一条の定める「国権の最高機関であって、国の唯一の立法機関」であり、④「皇室典範」は「国会の議決した」法律であって、英訳もImperial House Law passed by the Diet という。なお⑤「継承」とは「天皇の地位にある人に、（世襲の原則によって）交替すること」とあります。「天皇の地位が世襲であることを定める」本条は、「天皇の制度を維持するためには、世襲制をその限度でみとめる必要があると考えられ……憲法の定める法の下の平等の原理に、天皇の世襲性という重大な例外をみとめている」と解されています。

ここで今あらためて注目されますのは、「全訂本」の原著者である宮沢俊義氏が、昭和21年12月に貴族院として自ら主張した趣旨に基づき、「本条は、かならずしも天皇が生前に退位することを禁止するものではない。現在の皇室典範では、そうした退位は許されていないが、将来法律で改正することは可能である」（57頁）と指摘していることです。

四　憲法の定める象徴天皇の国事行為

内閣の助言と承認による国事行為

前に述べたとおり、現行の憲法によって、天皇は「日本国の象徴」（代表）「日本国民統合の象徴」（中心）という立場にあり、その地位は「世襲」と決められています。では、どんな役割をどのように果たすのか。それが次のごとく定められております。

第三条　天皇の国事に関するすべての行為には、内閣の助言と承認を必要とし、内閣が、その責任を負ふ。

第四条　天皇は、この憲法の定める国事に関する行為のみを行ひ、国政に関する権能を有しない。（第二項は後掲）

この両条を併せて見ますと、象徴天皇は、この憲法が後述の第六条と第七条に定めるような「国事に関する行為のみ」を行い、それには「内閣の助言と承認を必要とし、内閣が責任を負ふ」のだから、天皇は「国政に関する権能を有しない」と念を押されています。

それは、ＧＨＱが旧憲法下の天皇を政治・軍事の巨大な権力者と錯覚して、それを極力排除することにより「天皇という国家機関が何らの実権を伴わない〝虚器〟的な存在である」（全訂本）と評されても致し方ないように工作したもの、といわざるをえません。

　しかし、前述のごとく、旧憲法でも「天皇は国の元首にして統治権を総攬し」と定めながら、その統治権は「此の憲法の条規に依り（従って）それを行ふ」とし、また立法権も「帝国議会の協賛を以て……行ふ」としています。

　それに対して新憲法下の天皇が、「内閣の助言と承認」（同意）を必要条件と定められ、「実質上の行為者は、原則として内閣でなく

象徴天皇の主要な行為（お務め）

祭祀行為	**天皇中心**　大祭：祭主は天皇　（皇族ら拝礼） 小祭：祭主は掌典長（天皇は拝礼）
国事行為	**天皇のみ**　憲法６条（行政・司法の長の任命） 憲法７条（法律公布・大使接受）など
公的行為	**【天皇中心（皇后同伴）】** 国内関係：特別行幸啓・殊勲表彰・歌始会など 国際関係：外国訪問・国賓歓待・大使親善など
※成年：天皇・皇太子のみ18歳、他の皇族20歳	**【成年の皇族（男女とも）】** 皇太子・同妃…天皇・皇后の代行、東宮の公務 宮家の皇族…皇太子・同妃に準ずる公務の分担

てはならない」(全訂本)としたことは確かでありますが、「儀礼的・名目的」であれ「国事に関する行為」を他ならぬ天皇が行われることに、重要な意味があると思われます。

その「国事に関する行為」(state functions)は「国政に関する機能」(governmental powers)とは次元が異なります。後者は「国家の統治作用に関する法機能」(全訂本)ですから、それを象徴天皇が直接行為することはできません。しかしながら、前者を「日本国の象徴」「国民統合の象徴」(至高の公人)である天皇が行われることによって、名誉も権威も著しく高まるという実質的な意義は、きわめて大きいと見られます。

国事行為の臨時代行と摂政への全面委任

このような国事行為は、原則として天皇みずから行われます。しかしながら、その実行が困難か不能な事態が生ずる場合を想定して、次のような条文が設けられています。

第四条(後段の第二項) 天皇は、法律の定めるところにより、その国事に関する行為を委任することができる。

第五条 皇室典範の定めるところにより摂政を置くときは、摂政は、天皇の名でその国事に関する行為を行ふ。……

このうち、第四条にいう法律は、当初ありませんでしたが、昭和39年（1964）5月20日に「国事行為の臨時代行に関する法律」として成立しました。その第二条に次のごとく定められています。

天皇は、精神若《も》しくは身体の疾患、又は事故があるときは、摂政を置くべき場合を除き、内閣の助言と承認により、国事に関する行為を、皇室典範第十七条の規定により、摂政になる順位にあたる皇族に委任して、臨時に代行させることができる。

これによって、天皇の国事行為は、「摂政を置くべき場合」以外の、天皇が心身の疾患か事故のとき、「摂政になる順位にあたる皇族」に委任して「臨時に代行」させることができるようになったのです。

そこで、摂政の設置要件と就任順位をみますと、「皇室典範」に次のごとくあります。

第十六条　①天皇が成年（満十八歳）に達しないときは、摂政を置く。
②天皇が、精神若《も》しくは身体の重患、又は重大な事故により、国事に関する行為をみずからすることができないときは、皇室会議の議により摂政を置く。

第十八条　摂政は、左の順序により、成年（皇太子十八歳、他の皇族は二十歳）に達した皇族が、これに就任する。
一　皇太子又は皇太孫　／二　親王及び王（皇位継承の順位に従う）
三　皇后　／四　皇太后　／五　太皇太后　／六　内親王及び女王

これと前掲の法律を較べてみますと、摂政を置くことができるのは、天皇が著しい「重患」か重大な「事故」により、「皇室会議」の議で回復不可能と判定された場合であります。それに対して、臨時代行ならば、それほど重くない「疾患」とか「事故」の状況によって置くことができるのです。

その就任順位は、摂政も臨時代行も、「皇室典範」第二条の定める皇位継承の順位に従って、皇族のうち長系の長子を優先します。ただし、皇位と異り、一・二について、三以下の女性皇族も有資格としています。

この点は、旧皇室典範も大旨同様ですから、女性皇族を頭から排除しているわけではありません。これは、将来「皇族女子」（内親王及び女王）にも皇位と宮家の継承資格を広げるかどうかの議論に、参考とされてよいことだと思われます。

ところで、前掲の「国事行為の臨時代行法」が出来たのは、新憲法の公布・施行された直後でなく、20年近く経った昭和39年です。これは、昭和天皇（63歳）に「疾患」とか「事故」が生じたからではありません。

それどころか、この年10月10日から始まった東京オリンピックの名誉総裁として、閉会式にも主要な競技にも臨席され、また来日した貴賓らの応援にも努められました。この成功を機として、日本の国際的な評価が著しく高まり、いろいろな国から天皇陛下に御訪問を賜りたい、という招請の打診が次々と届くようになったのです。

そこで、おもに天皇陛下の外国ご訪問を可能にするため、日本に居られない間、国事行為を皇太子殿下に委任して、臨時代行できることになりました。それによって、まず昭和46年（1971）秋（9月27日～10月14日）ヨーロッパ諸国ご歴訪が行われ、ついで同50年秋（9月30日～10月14日）アメリカ合衆国のご訪問が実施されました。

なお、昭和天皇の晩年、同62年9月22日、膵炎（膵臓癌）で入院し手術された時も、翌

63年9月19日、大量吐血して危篤になられてからも、「重患」を理由として摂政を置くことはせず、皇太子殿下が臨時代行を務めておられます（同63年10月3日～10日は、皇太子殿下ご訪米のため、皇孫の浩宮さまに〝代行の代行〟を委任されたこともあります）。

内政・外交に関する儀礼的な行為

では「国事に関する行為」というのは、具体的にどんなことをさすのでしょうか。憲法には次のごとく定められています。

第六条　①天皇は、国会の指名に基いて、内閣総理大臣を任命する。
②天皇は、内閣の指名に基いて、最高裁判所の長たる裁判官を任命する。

第七条　天皇は、内閣の助言と承認により、国民のために左の国事に関する行為を行ふ。
一　憲法改正・法律・政令及び条約を公布すること。
二　国会を召集すること。
三　衆議院を解散すること。
四　国会議員の総選挙の施行を公示すること。

五　国務大臣及び法律の定めるその他の官吏の任免、並びに全権委任状及び大使及び公使の信任状を認証すること。
六　大赦・特赦・減刑、刑の執行の免除及び復権を認証すること。
七　栄典を授与すること。
八　批准書及び法律の定めるその他の外交文書を認証すること。
九　外国の大使及び公使を接受すること。
十　儀式を行ふこと。

以上いずれも、日本国として主要な内政・外交に関する重大な事項です。とりわけ①の内閣総理大臣を決めるには、まず国会（衆議院・参議院）において両院の議員が多数決で「指名」し、ついで「国会法」（第六十五条）により、衆議院議長から内閣を経由して天皇に奏上すると、さらに天皇が辞令に御名を署され御璽を押さしめられ、それを指名された人物に交付する「親任式」が行われます。

これは、一国の総理大臣が、国会で単に過半数の賛同を得て「指名」されるだけでなく、国家・国民統合の象徴である天皇陛下から親しく「任命」される手続きを経ることによって、その負托に応える自覚を深めることになるとみられます。

同様に、第六条の②で最高裁判所長官が、単に時の政府から「指名」されるだけでなく、象徴天皇から「任命」されることによって、国家・国民全体のために、職責を果たす覚悟を決めることになると思われます。

この点から象徴天皇は行政・司法の上に立つ最高の権威を有するとみなされています。

一方、第七条に列挙される国事行為も、それぞれ重要です。とくに外交事項として、五「全権委任状、及び大使及び公使の信任状を認証する」とか、九「外国の大使及び公使を接受する」というのですから、日本の外交（国家間の親善関係）は、象徴天皇の名において成り立っているとみることもできます。

現に世界各国へ赴任する日本の大使・公使は、外務省の人事案が閣議で決定され、その書類が内閣から宮内庁へ届けられます。すると天皇は、宮殿の表御座所で「日本国天皇」から当該国の元首に宛てた「信任状」を認証され、辞令書に御名を署し御璽を押さしめられまして、正殿の松の間で赴任する人に親しく御言葉を賜わります。

また世界各国から来任する大使・公使は、来日早々、宮内庁の用意するレトロな馬車などで皇居へ参上します。そして正殿の松の間で、当該国の元首から「日本国天皇」に宛て

皇居の全体図

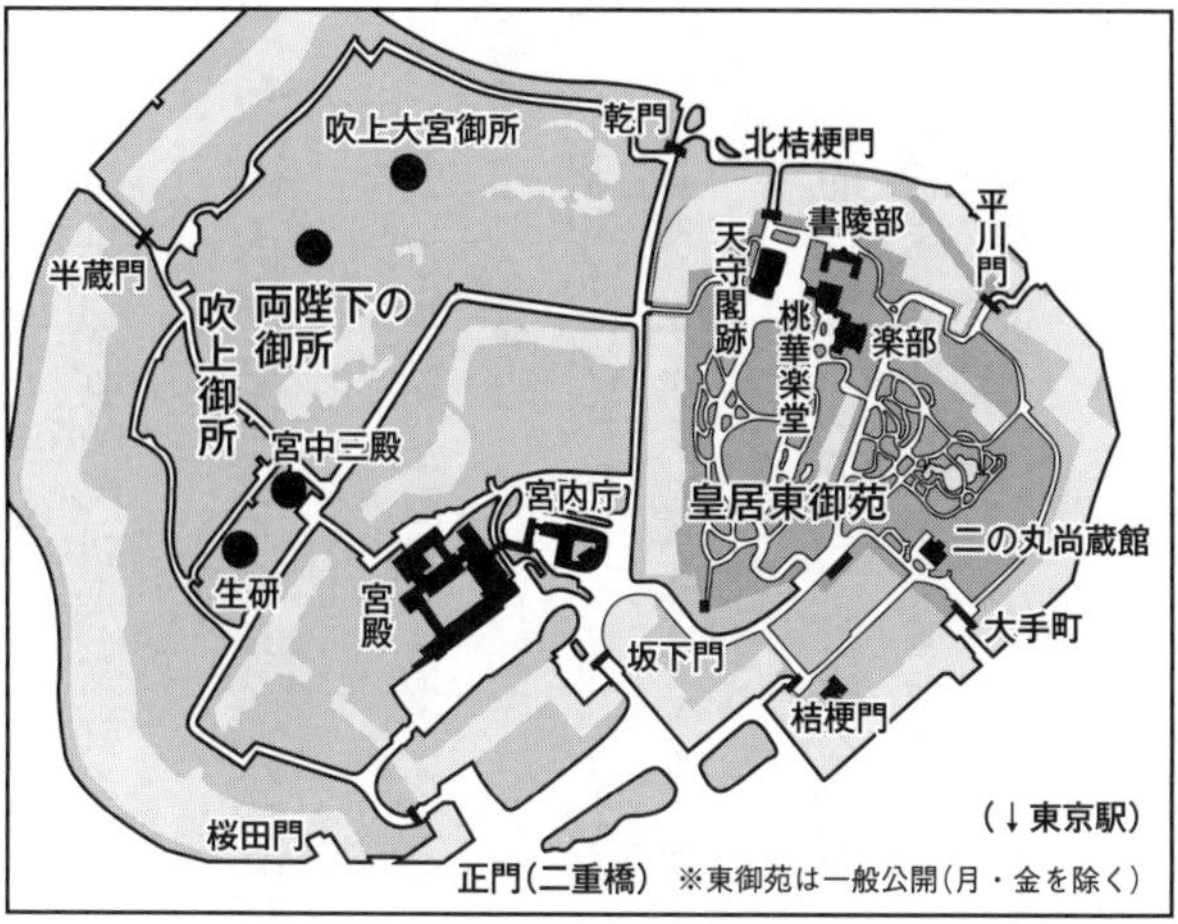

宮殿の見取図

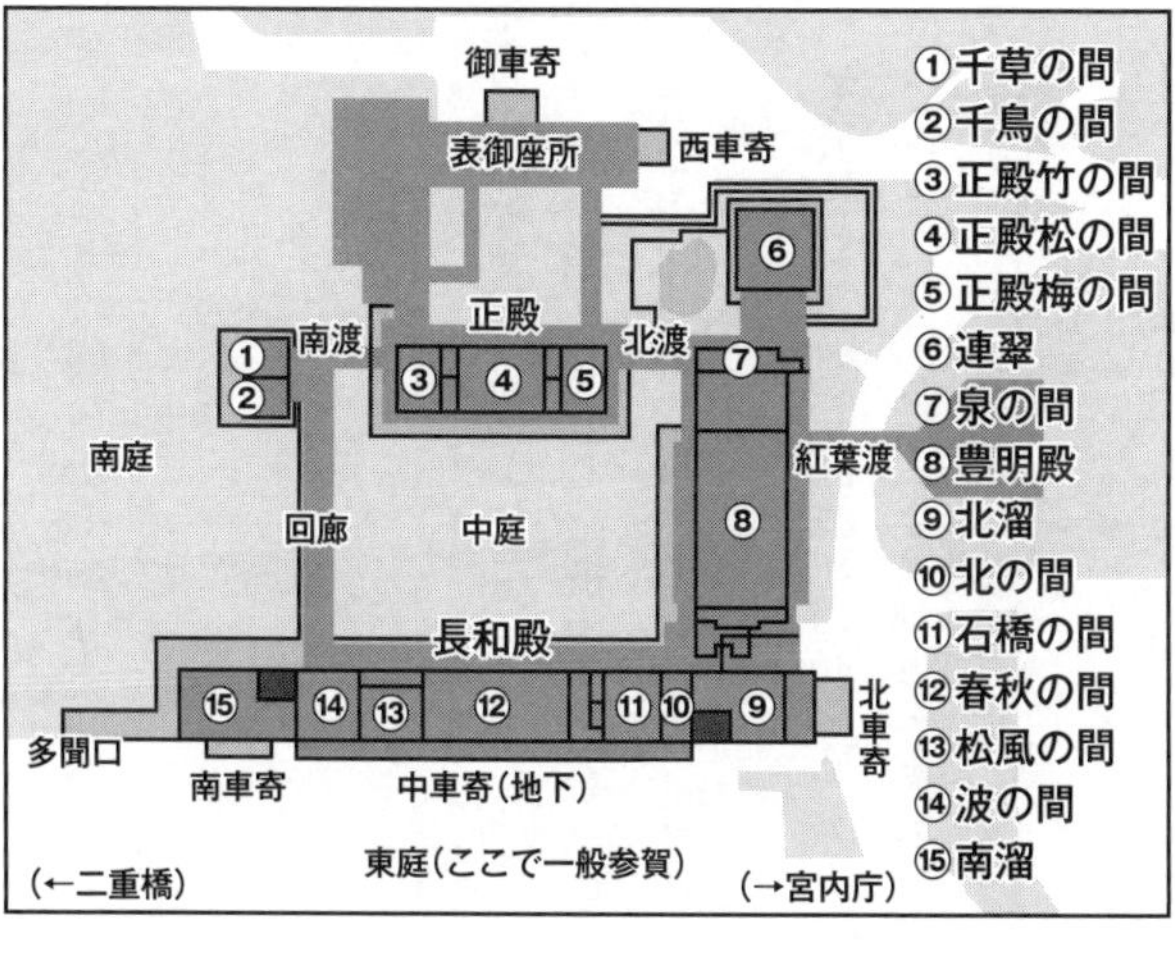

た「信任状」を天皇に捧呈し、陛下から親しく御言葉を賜わります。これをみましても、象徴天皇が世界各国から元首に相当すると認識されていることは明らかでありましょう。

五　象徴天皇にふさわしい公的行為

皇居における伝統的な儀式・行事

象徴天皇の公務は、憲法に明示されている「国事行為」が最も重要だとみなされます。しかし、昭和天皇も今上陛下も、それだけに留まらず、実に様々なことを積極的にやってこられました。その大部分を占めるもの（後述する祭祀行為は含めない）を象徴としての〝公的行為〟と総称しています。

その公的行為は、「天皇が象徴としての地位に基いて公的な立場で行われるもの」ですから、「政治的な意味とか影響をもつものを含んではならない」し、また「内閣で責任を負うものでなければならない」とされております（平成2年6月17日、工藤敦夫法制局長官の国会答弁）。

それを園部逸夫氏『皇室法概論』（平成14年4月、第一法規）では、「公人行為」

（象徴であることを根拠とする〝公人〟として行うもの）と「社会的行為」（天皇が私人として社会で行われる行為でも、公的色彩をもつもの）に二分しています。

しかし、ここでは、そのような性格の公的行為がどこで行われるかによって三分します。まず（一）は皇居の中か近くにおける行為、ついで（二）は東京都内と全国各地における行為、さらに（三）は海外（外国）における行為です。

まず（一）としては、㋑正月二日と天皇誕生日（現在12月23日）の「皇居一般参賀」、㋺正月中旬の「宮中講書始」と「宮中歌会始」の儀、㋩4月下旬と10月下旬の春と秋の「園遊会」、㋥春と秋の叙勲者と国内各界功労者たちの拝謁、および㋭臨時に（ほぼ毎週）大使・公使を招かれるお茶会などがあります。

このうち㋑は、天皇・皇后両陛下が他の成年皇族と共に、宮殿の長和殿のベランダに並び立って、参集した一般国民からの祝意を受けられます。

念のため、毎年元日に宮殿の正殿で国内の代表者と海外からの外交官が参内して行われる「新年祝賀の儀」は、前掲の憲法第七条十番目にいう国の「儀式」とされています。

また㋺は、講書始も歌会始も、起源は極めて古いのですが、正月の公式な恒例行事とされたのは明治初めからです。

新年(元日)祝賀の儀の拝謁区分

	時刻	行事	出御	場所	事項(出席者)
	午前5時30分	元旦四方拝・歳旦祭	天皇陛下	御所	
ⓐ	午前9時05分	祝賀	両陛下	御所	侍従長、侍従、女官長、女官、侍医長、侍医
	午前9時30分	晴の御膳	天皇陛下	花の間	
ⓑ	午前9時45分	祝賀	両陛下	鳳凰の間	宮内庁長官、次長、各部長、課長相当、参与、御用掛
A	午前10時	**祝賀の儀**	両陛下	正殿松の間	皇太子・同妃両殿下、各宮家当主・同妃両殿下、内廷・宮家の成年皇族
ⓒ	午前10時10分	祝賀	両陛下	正殿竹の間	元皇族、御親族
ⓓ	午前10時15分	祝賀	両陛下	鳳凰の間	未成年の皇族
B	午前11時	**祝賀の儀**	両陛下	正殿梅の間	総理大臣、各国務大臣、官房副長官、各国務副大臣、内閣法制局長、同次長
C	ついで	**祝賀の儀**	両陛下	正殿松の間	衆議院議長、参議院議長、衆議院副議長、参議院副議長、衆議院議員、参議院議員、衆議院事務総長、参議院事務総長、衆議院事務次長、参議院事務次長、衆議院法制局長、参議院法制局長、衆議院調査局長、参議院調査局長、国会図書館長、同副館長
D	ついで	**祝賀の儀**	両陛下	正殿竹の間	最高裁長官、最高裁判事、最高裁事務総長、最高裁事務次長、各高裁長官
E	午前11時30分	**祝賀の儀**	両陛下	正殿松の間	人事院人事官、公正取引委員会委員長、検事総長、次長検事、検事長、会計検査院検査官、各省庁事務次官、都道府県知事、都道府県議会議長、各界の代表者
ⓔ	午前11時40分	祝賀	両陛下	鳳凰の間	堂上会総代
ⓕ	午後1時10分	祝賀	両陛下	北溜	宮内庁職員、皇宮警察本部職員 旧奉仕者会会員(元宮内庁職員等)
ⓖ	午後1時30分	祝賀	両陛下	正殿竹の間	元参与、元側近、奉仕者、元御用掛、松栄会会員
F	午後2時30分	**祝賀の儀**	両陛下	正殿松の間	各国外交使節団長(駐日大使公侯)〈約300名余〉

※B・C・D・E・Fの出席者はそれぞれ夫妻

講書始は、当代の学問（人文・社会・自然の三分野）を代表する学者などから、各30分ほど、御進講を受けられ質疑応答を交わされます。これ以外にも、随時（ほぼ毎月）、各界の専門家や各省庁の幹部などから御進講を受けられます。

また歌会始は、前年正月に公表される御題の文字（今年度なら「野」）を詠み込んだ和歌（天皇・皇族はじめ召人・選者、および国内外の一般人が前年9月末日までに応募した中から選ばれる10人の詠進歌）が、平安王朝以来の優雅な朗詠の仕方で披講《ひこう》されます。ともに天皇が最先端の学問と伝統的な文化を大事にされ奨励されることになります。

さらに㋩は、明治10年代からの観桜会・観菊会に由来します。春も秋も各約2千人（中央・地方の政界・官界要人、民間各界の功労者。春のみ各国の大公使らも）が夫婦同伴で招待されます。当日、苑内に列立していますと、天皇・皇后および成年皇族が巡回され、気軽にお声をかけられます。

それから㋭は、昭和38年（1963）から生存者叙勲制度の復活によって、翌年から春の4月29日（昭和天皇お誕生日）と、秋の11月3日（明治天皇お誕生日）に叙勲の発表があります。そして、大勲位と大綬章（文化勲章も相当）の受章者は宮殿の松の間で天皇から親授され、大多数（春と秋で各約六千人）は関係省庁別に皇居へ参上して、天皇に拝謁します。それが春も秋も何と約1週間続くのです。

しかも、叙勲自体は、憲法第七条の「栄典を授与する」国事行為ですから、天皇は事前に内閣の賞勲局より届けられる膨大な「功績調査」を、一々御覧になられます。その上、不定期に国内各界の功労者（団体の代表者など）が皇居へ招かれまして、天皇から御言葉を賜わります。

一方、国際関係では、前述のとおり憲法の第七条九に「外国の大使及び公使を授受すること」とあり、それは国事行為として天皇陛下が単独で行われます。

今や世界に2百近い独立国家があり、そのうち168ケ国が日本に大使・公使を駐在させていますから、新任者の信任状捧呈式だけでも、毎年かなりの回数にのぼります。

しかも、国際親善を重んじられる近年の皇室では、㋭天皇・皇后両陛下が、まず着任した大使・公使の夫妻を皇居へ「お茶会」に招いて挨拶を交わされ、ついで在任なかばころ、再び夫妻を「お茶会」に招いて懇談されます。さらに離任が決まりますと、三たび「お茶会」に招いて慰労されます。

それ以外にも、両陛下が訪問を予定されたり、重大な関心をもたれた国については、その大使・公使などを招いて情報を交換されることもあります。

これらは、ほぼ毎週（二ケ国続くことも）、大国にも小国にも公平に行われています。

その上、㋬世界の各国から、国王や大統領など元首が来日すれば「国賓」（state guest）として、また王族や首相クラスが来れば「公賓」（guest of the government）として、天皇・皇后両陛下が接遇されます。

このうち、国賓に対しては、赤坂の迎賓館で歓迎式典、皇居宮殿の竹の間で会見、宮殿の豊明殿で晩餐会、迎賓館で答礼宴会などが続いて行われます。また、公賓および「公式実務訪問者」（準公賓）に対しては、宮殿の竹の間で引見され、小食堂の連翠で午餐会などを催されます。

このような㋭と㋬が国際親善に果たす割合は、きわめて大きいとみられます。

東京都内と全国各地へのお出まし

ついで（二）としては、㋣国会の開会式への臨席、㋠全国戦没者追悼式、全国的・国際的な記念式典への行幸、㋷都道府県で持ち廻りの三大恒例行事への行幸、㋦戦災や自然災害の現地お見舞い行幸、㋸その他があります。

このうち㋣は、毎年1月を常例とする通常国会と、臨時に召集される臨時国会、衆議院総選挙の直後に召集される特別国会の開会式で、天皇陛下は議長の招きにより国会へ出向かれ、参議院本会議場の玉座から「お言葉」の詔書を読みあげられます。

この㋣は天皇陛下お一人ですが、㋭以下は皇后陛下と一緒にお出まし（行幸啓）されることが多くなっています。

まず㋠は、毎年8月15日、靖国神社近くの日本武道館で営まれる政府主催の全国戦没者追悼式、毎年6月、東京上野の日本学士院と日本芸術院で行われる恩賜賞と両院賞の授賞式、さらに都内などで開かれる公的団体の周年記念式典などに臨席されます。

また㋷は、戦後まもなく始まった春の「全国植樹祭」と秋の「国民体育大会」、および昭和56年（1981）皇太子時代から始まった「全国豊かな海づくり大会」に毎年出向かれるので、三大行幸と称します。

こうして植樹や体育および海づくりを奨励される意義は、きわめて大きいとみられます。しかも、それぞれの機会に近くの地元産業や各種の施設などを視察して、関係者を慰労し激励されますから、毎回かなりお忙しいのです。

その上、今上陛下が積極的に取り組んでこられたのは㋦であります。すでに昭和50年（1975）7月中旬、父君の名代として「沖縄海洋協覧会」に出席のため訪問されて以

郵 便 は が き

お手数ですが
52円分切手を
お貼りください

1 7 0 - 8 4 5 7

東京都豊島区南大塚
2-29-7
KKベストセラーズ
書籍編集部行

おところ 〒

Eメール @ TEL ( )

(フリガナ)
おなまえ

年齢 歳
性別 男・女

ご職業
会社員
公務員
教 職(小、中、高、大、その他)
無 職(主婦、家事、その他)
学生(小、中、高、大、その他)
自営
パート・アルバイト
その他( )

愛読者カード

このハガキにご記入頂きました個人情報は、今後の新刊企画・読者サービスの参考、ならびに弊社からの各種ご案内に利用させて頂きます。

●本書の書名

●お買い求めの動機をお聞かせください。
1. 著者が好きだから　2. タイトルに惹かれて　3. 内容がおもしろそうだから
4. 装丁がよかったから　5. 友人、知人にすすめられて　6. 小社HP
7. 新聞広告(朝、読、毎、日経、産経、他)　8. WEBで（サイト名　　　）
9. 書評やTVで見て（　　　）　10. その他（　　　）

●本書について率直なご意見、ご感想をお聞かせください。

●定期的にご覧になっているTV番組・雑誌もしくはWEBサイトをお聞かせください。
(　　　)

●月何冊くらい本を読みますか。
(　　　冊)

●本書をお求めになった書店名をお聞かせください。
(　　　)

●最近読んでおもしろかった本は何ですか。
(　　　)

●お好きな作家をお聞かせください。
(　　　)

●今後お読みになりたい著者、テーマなどをお聞かせください。

ご記入ありがとうございました。著者イベント等、小社刊行書籍の情報を書籍編集部 HP（www.kkbooks.jp）にのせております。ぜひご覧ください。

来、沖縄の戦没者と遺族関係者らに深く御心を寄せられています。また、原子爆弾で被爆した広島と長崎、さらに空襲で被災した東京などへの慰霊訪問を続けておられます。

また、自然災害の被災地にも、すでに昭和34年（1959）伊勢湾台風の直後、父君の名代としてお見舞に出向かれました。即位後は、平成3年（1991）、雲仙普賢岳の噴火（大火砕流）直後、皇后陛下と共に被災地へ馳けつけて被災者を慰め励まされました。それ以来、とりわけ平成23年3月の東日本大震災には、7週連続の現地お見舞のみならず、5年半後の今秋まで、折あるごとに足を運び、被災者たちを慰め励まされています。

なお、㋸それ以外に、今上陛下が始められましたのは、宿泊を要しない日帰りの都内訪問です。5月5日の「こどもの日」、9月第3月曜の「敬老の日」、12月上旬の「福祉週間」にちなんで、都内にある児童・養老・福祉の施設を、皇后陛下と共に廻られることが恒例化しました。これは2015年から皇太子殿下と秋篠宮殿下に譲っておられます。

六　世襲の天皇が奉仕される祭祀行為

明治以来の「皇室祭祀令」に準拠して

これまで述べてきた「国事行為」はもちろん、象徴としての「公的行為」も、天皇陛下の公務とみて何ら問題ありません。それどころか「日本国の象徴」「国民統合の象徴」である天皇は、単に儀礼的な国事行為だけでなく、一般国民のために心を寄せられて「信頼と敬愛」の念を深め、また国際親善にも努められる公的行為のために多大な実績を積まれてきたことは、内外から高く評価されています。しかもその象徴天皇が、さらに皇室で重んじられる伝統的な祭祀を大事に務めておられます。それはほとんど神道様式で行われるため、現行憲法の解釈上、天皇の公的な行為ではなく、私的な行為の一部とされています。

とはいえ、その内容は天皇や皇室のための私的な祈願ではなく、国家・国民全体のため（さらには世界・人類のため）に祈りを捧げられるものです。

皇室の祭祀は、ほとんど皇居吹上御苑の御所に近い「宮中三殿」において営まれます。宮中三殿とは、中央に（イ）皇祖神の天照大神を祀る「賢所《けんしょ》」（かしこどころ）、その西に（ロ）歴代天皇・皇族を祀る「皇霊殿《こうれいでん》」、その東に（ハ）全国の天神・地祇を祀る「神殿《しんでん》」

宮中三殿・神嘉殿の平面図

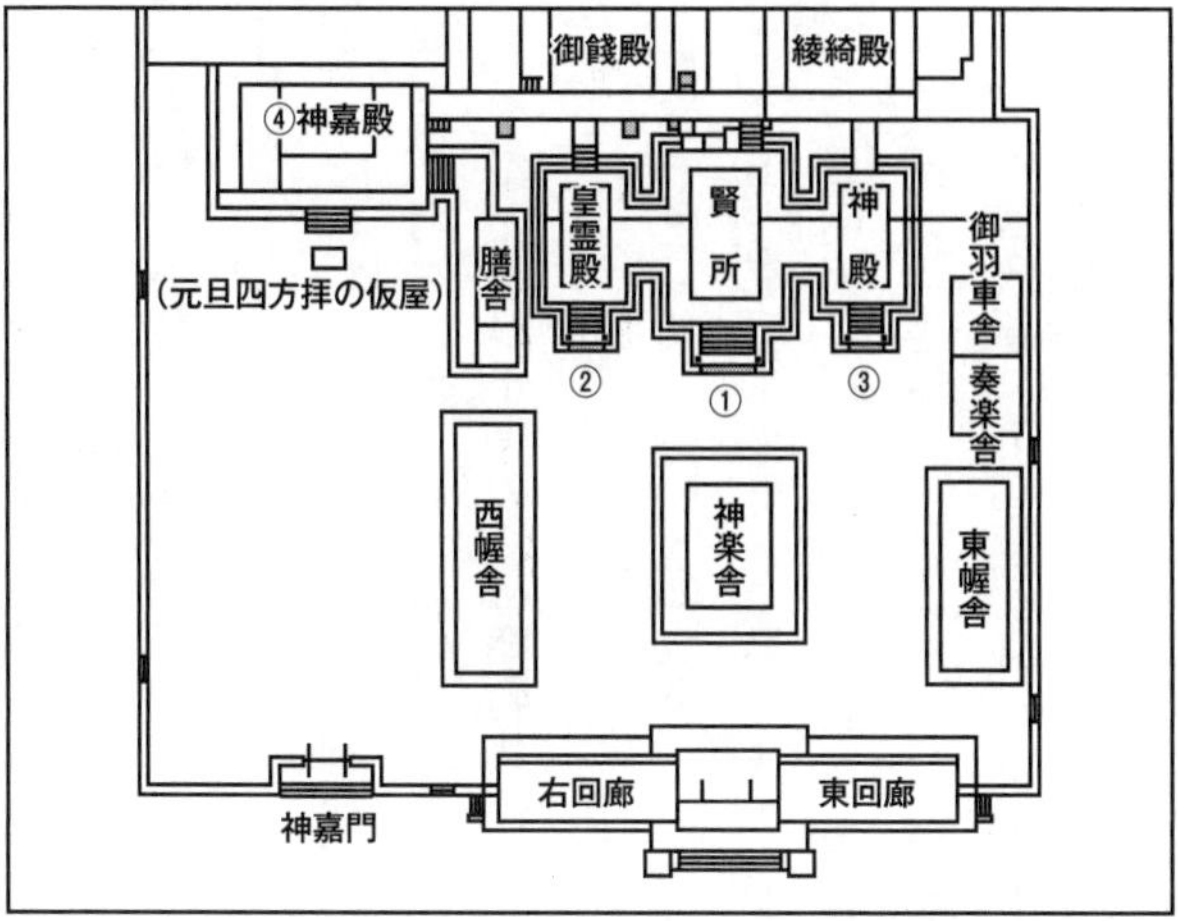

を指しますが、(ロ)より西側の(ニ)新嘗祭のみに使われる「神嘉殿《しんかでん》」も含まれます。

ここで行われる祭祀の基本的な形体は、明治41年(1908)公布の「皇室祭祀令」に定められています。それは古代以来の神道祭祀をベースにしながら、近代的な国家的祭儀を織り込んだもので、詳細な「付式」(実施細則《マニュアル》)まであります。そのため、これは他の皇室令と一緒に、戦後(昭和22年5月)廃止されましたが、宮内庁の文書課長から、「新規定ができるまで、従前の例に準じて事務を処理する」との依命通牒が出され、その後も宮中祭祀の準拠とされてきました。

その皇室(宮中)祭祀は、大祭と小祭と他の行事に分けられます。まず大祭では、天皇が自ら祭主となって殿内（内陣）で御告文（祭文）を奏上されます。それに対して、小祭では掌典長（内廷職員）が祝詞を奏上し、天皇が内陣で拝礼されます。その他の行事というは、大祭・小祭のような神饌（お供え）や御告文・祝詞のない、小祭に準ずる祭事です。（以下、略称［大］［小］［行］）。それを三分しますと、（一）年始・毎旬毎朝の拝礼、（二）自然神などに祈る祭祀、（三）祖先神などに祈る祭祀となり、各々次のような例があります。

（一）…正月の①四方拝［行］、②歳旦祭［小］、③元始祭［大］、および毎月三旬《しゅん》の④旬祭と毎日早朝の⑤毎朝物代拝

（二）…2月の⑥祈年祭［大］、10月の⑦神嘗祭［大］、11月の⑧新嘗祭および6月と12月の⑨節折《よおり》［行］と⑩大祓

（三）…⑪先帝祭＝昭和天皇祭［大］、⑫紀元節祭［臨時御拝］、⑬神武天皇祭［大］、⑭孝明天皇例祭［小］、⑮明治天皇例祭［小］、⑯香淳皇后例祭［小］、⑰大正天皇例祭［小］、⑱天長祭、および⑲神武天皇と孝明・明治・大正各天皇と香淳皇后の式年祭［大］、⑳それ以前の歴代天皇の式年祭［小］
㉑代始め大礼関係祭祀、㉒皇族の人生儀礼関係祭祀、㉓春季の皇霊祭と神殿祭、㉔秋季の皇霊祭と神殿祭、㉕賢所御神楽［小］など。

年始と毎旬の拝礼と毎朝の御代拝

これらの祭祀について、それぞれ簡単な説明を加えておきます。

まず（一）のうち、①元旦四方拝は、平安初期（9世紀初め）の嵯峨天皇朝に始まったとみられますが、現在は明治に入ってから整えられた形で行われています。毎年元旦の午前5時半、それまでに宮中三殿の奥（北）にある綾綺殿において黄櫨染御袍《こうろぜんのごほう》（天皇専用の束帯《そくたい》）を召された天皇が、神嘉殿の前（南庭）に屏風で囲んだ畳敷の座へ着かれます。そして、まず伊勢の神宮（内宮と外宮）、ついで天地四方の神々、つぎに初代神武天皇の御陵（橿原市）と先帝昭和天皇の御陵（八王子市）、さらに武蔵国一宮の氷川《ひかわ》神社、山城国一宮の賀茂大社（上下両社）など、主要な神々を次々と遙拝されます。

それが済むと、②歳旦祭は、6時ころから宮中三殿の賢所・皇霊殿・神殿を順に廻られて、各々の内陣で、年の始めにあたり拝礼されます。この小祭には、黄丹袍《おうにのほう》（皇太子専用の束帯）を召された皇太子も、三殿を巡拝されます。

それに対して、正月3日、あらためて皇位の元始を祝し、国家国民の繁栄を祈念する③元始祭は、大祭ですから、天皇についで皇后と皇太子・皇太子妃が順々に三殿の内陣で拝礼され、他の皇族が三殿の階下から拝礼することになっています。

一方、毎月の旬日（1日・11日・15日）には、宮中三殿で午前8時半から④旬祭が行われます。このうち1日（正月以外）は、御直衣姿の天皇が殿内で拝礼され、11日と21日は、当直の侍従が三殿の南階下から拝礼します。

また、旬日以外の毎日朝8時半、当直侍従が賢所の南階下から代拝します。しかも、その代御拝中、天皇・皇后両陛下は御所において遙拝しながら、慎まれています。

自然の神々に祈る伝統的な祭祀

ついで（二）のうち、⑥祈年祭は、和訓で「としごいのまつり」といいます。この「年」は元来「季」で、「禾」と「千」から成ります。この「禾」は稲に代表される禾《か》本科の植物（五穀など）、下の「千」は古く「人《じん》」に作り、のち「妊《にん》」に通じて、「季」は禾実が豊かに熟する「稔《ねん》」の意を表わし、その収穫の周期で年を数えたから「年《ねん》」に通ずるといいます（白川静氏『字統』など）。

この年（豊稔）を祈る祭は、すでに天武天皇朝（七世紀後半）ころから、旧暦2月4日に、中央でも地方でも丁重に行われてきました。明治以降は、2月17日の午前9時すぎ、黄櫨染御袍を召された天皇陛下が、まず賢所の内陣に着座され、天照大神に年穀の豊作と国家の隆昌を祈る拝礼をなさり、ついで皇霊殿と神殿でも拝礼されます。そのあと黄丹袍を召された皇太子殿下が三殿を巡拝されます。

これと対をなすのが、⑦神嘗祭《かんなめのまつり》と⑧新嘗祭《にいなめのまつり》です。両方の「嘗」という漢字は、古代の中国において新穀を供えると、神さまが嘗《な》め（召し上が）られる秋の祭を意味します。一方、古来の大和言葉で「あへ」（饗）るは、食物で神々を饗応することを意味します。

そこで、秋に収穫した新穀は、記紀神話で稲穂を子孫に授けられたという天照大神に感謝して、先ずお供えし召し上って頂く「神嘗祭」が、旧暦9月中旬の夜、天照大神と豊受大神（食物神）を祀る、伊勢の神宮（内宮と外宮）でも年間最上の〝大祭〟です。

それが明治以降も、新暦10月中旬の15日夜に外宮で、16日夜に内宮で営まれ、17日朝に天皇陛下から勅使に託された幣帛（供物）を奉る奉幣の儀があります。

その奉幣（午前10時）に先立って、皇居でも黄櫨染御袍を召された天皇陛下が、神嘉殿の南庇《ひさし》から伊勢の神宮を遙拝され、つぎに賢所の内陣で御告文を奏されます。それに続いて十二単を召された皇后陛下と黄丹袍を召された皇太子殿下と十二単を召された皇太子妃殿下が、次々と殿内で拝礼されます。

この後、旧暦でも新暦でも11月下卯日（現在は23日）、皇居の神嘉殿において執り行われるのが⑧新嘗祭です。この日は戦後「勤労感謝の日」という「国民の祝日」になっていますが、今なお豊かに収穫できたことを神々に感謝する日として、ほとんど午前中に全国の神社などで、新穀を供えて神事を行い、そのおさがり（賜《た》ぶ物＝食物）をみんなで頂載する新嘗祭が行われています。

それに対して皇居の新嘗祭は、23日の夕方6時から8時まで、続いて夜11時から翌朝1時まで、「夕《ゆうべ》の儀」と「朝《あした》の儀」が営まれます。

それに先立ち、皇居内の御田で収穫された新穀（お米と粟）および全都道府県から献上された新穀（各々お米一升と粟五合）を使って、蒸《む》した御飯（強飯《こわいい》）と炊《た》いた御粥《かゆ》（今の炊きご飯）、および新米から醸《かも》す甘酒のような白酒《しろき》と黒酒《くろき》を作り、他に魚介類や果物類を調理した神饌が整えられ、それが神嘉殿の母屋（中央の広間）に運ばれます。

すると、白い御祭服を召された天皇陛下が母屋に着かれ、その西の隔殿（小部屋）に白い斎服を召された皇太子殿下が入られます。そして陛下御自身で神饌を神々に供えられ、その一部をみずから召し上がられます。この〝神人共食〟によって、神饌にこもる神々の威徳（霊力）を御身に受られることになるといわれています。

なお、⑨節折と⑩大祓は、1年に2回、前半の6月末日と後半の12月末日に行われます。前者は午後2時、御小直衣《このうし》を召された天皇陛下が、宮殿の竹の間で御贖物《あがもの》の御服《みそ》に息を吹き入れられ、また御竹で背丈を測り、節《よ》を折って祓い清められます。

それに対して後者には、天皇の出御がなく、神嘉殿の南庭で下げ渡される贖物を流して祓え清めます。それによって、いつのまにか心身に着いてしまうツミ・ケガレ（気枯か）を取り除くことができると信じられています。

祖先の神々に祈る近代的な祭祀

さらに(三)は、ほとんど、皇室の祖先を神として折々に祀る祭祀です。

このうち、⑬の「神武天皇祭」は、初代神武天皇が崩御されたと伝えられる日を新暦に換算した4月3日、皇居の皇霊殿で天皇が御告文を奏され、皇后・皇太子・皇太子妃が殿内で順々に拝礼されます。御陵のある奈良県橿原市には勅使を遣わされます。

なお、⑫「紀元節祭」は、明治以来、神武天皇が即位されたと伝えられる日を新暦に換算した2月11日に行われてきました。しかし、戦後それが廃止され、のち昭和41年（1966）「建国記念の日」と称する「国民の祝日」として復活しました。

主な宮中祭祀（祭典・行事）一覧

【大】は大祭、【小】は小祭、【行】は神饌・祭文のなり行事の略称。

宮内庁ＨＰ参照

月日	祭儀	内容
1月1日	① **四方拝《しほうはい》**【行】	早朝に神嘉殿南庭で伊勢の神宮と山稜および四方の神々をご遥拝になる行事
	② 歳旦祭《さいたんさい》【小】	早朝に三殿で行われる年始の祭典
1月3日	③ 元始祭《げんしさい》【大】	年始にあたって皇位の大本と由来を祝し、国家・国民の繁栄を三殿で祈られる祭典
1月4日	④ 奏事始《そうじはじめ》【行】	掌典長が年始にあたり、伊勢の神宮と宮中の祭事の前年の結果を天皇陛下に申し上げる行事
1月7日	⑪ **昭和天皇祭《しょうわてんのうさい》**【大】	昭和天皇の崩御相当日に皇霊殿で行われる祭典（陵所でも掌典による祭典がある）〔先帝祭〕
	㉕ 皇霊殿御神楽《こうれいでんみかぐら》【行】	昭和天皇祭の夜、特に御神楽を奉奏して神霊をなごめまつる祭典
1月30日	⑭ 孝明天皇例祭《こうめいてんのうれいさい》【小】	孝明天皇の崩御相当日に皇霊殿で行われる祭典（陵所でも掌典による祭典がある）〔先帝前三代例祭〕
2月11日	※二月十一日臨時御拝《りんじぎょはい》	神武天皇の即位伝承による旧紀元節＝建国記念の日に行われる臨時御拝
2月17日	⑥ **祈年祭《きねんさい》**【小】	三殿で行われる年穀の豊穣を祈願する祭典
春分の日（3月20日ころ）	㉓ 春季皇霊祭《しゅんきこうれいさい》【大】	春分の日に皇霊殿で行われるご先祖祭
	㉓ 春季神殿祭《しゅんきしんでんさい》【大】	春分の日に神殿で行われる神恩感謝の祭典
4月3日	⑬ **神武天皇祭《じんむてんのうさい》**【大】	神武天皇の崩御相当日に皇霊殿で行われる祭典（陵所でも掌典による祭典がある）
	㉕ 皇霊殿御神楽《こうれいでんみかぐら》【行】	神武天皇祭の夜、特に御神楽を奉奏して神霊をなごめまつる祭典
6月16日	⑯ 香淳皇后例祭《こうじゅんこうごうれいさい》【小】	香淳皇后の崩御相当日に皇霊殿で行われる祭典（陵所でも掌典による祭典がある）
6月30日	⑨ 節《よ》折《おり》【行】	宮殿竹の間で天皇陛下のために行われるお祓いの行事

	⑩大《おお》祓《はらい》	【行】	神嘉殿の前で、皇族をはじめ国民のために行われるお祓いの行事
7月30日	⑮明治天皇例祭《めいじてんのうれいさい》	【小】	明治天皇の崩御相当日に皇霊殿で行われる祭典（陵所でも掌典による祭典がある）〔先帝前三代例祭〕
秋分の日（9月23日ころ）	㉔秋季皇霊祭《しゅうきこうれいさい》	【大】	秋分の日に皇霊殿で行われるご先祖祭
	㉔秋季御神楽《しゅうきみかぐら》	【大】	秋分の日に神殿で行われる神恩感謝の祭典
10月17日	⑦神嘗祭《かんなめさい》	【大】	賢所に新穀をお供えになる神恩感謝の祭典。この朝、神嘉殿で伊勢の神宮をご遥拝になる
（11月22日）	鎮魂《ちんこん》の儀《ぎ》	【行】	新嘗祭の前夜に行われる祭儀
11月23日	⑧新嘗祭《にいなめさい》	【小】	神嘉殿で新穀を皇祖はじめ神々にお供えになり神恩を感謝された後、自らもお召し上がりになる祭典
12月中旬	㉕賢所御神楽《かしこどころみかぐら》	【小】	夕刻から賢所に御神楽を奏して神霊をなごめまつる祭典（ほとんど15日）
12月23日	⑱天長祭《てんちょうさい》	【小】	天皇陛下のお誕生日を祝して三殿で行われる祭典
12月25日	⑰大正天皇例祭《たいしょうてんのうれいさい》	【小】	大正天皇の崩御相当日に皇霊殿で行われる祭典（陵所でも掌典による祭典がある）〔先帝前三代例祭〕
12月31日	⑨節《よ》折《おり》	【行】	宮殿竹の間で天皇陛下のために行われるお祓いの行事
	⑩大《おお》祓《はらい》	【行】	神嘉殿の前で、皇族をはじめ国民のために行われるお祓いの行事（その後、掌典長による除夜祭がある）

注・※紀元節祭は、紀元節が戦後「国民の祝日」から除外されたが、宮中では「二月十一日臨時御拝」として旬祭と同じ形で続けられている。

・⑪昭和天皇祭（先帝祭）と⑬神武天皇祭（皇宗祭）は大祭であり、両天皇の式年祭も大祭であるが特に陵所で親祭を行われる。

・⑭孝明天皇例祭、⑮明治天皇例祭、⑰大正天皇例祭、および⑯先后の香淳皇后例祭は、毎年小祭であるが、⑲その四名の各式年祭は大祭で斎行される。

・上記以外に、⑳歴代天皇（北朝五代を含む）の式年祭は、それぞれ小祭で斎行される。

・上記以外に、㉑大祭に準ずるもの（皇室・国家の大事を奉告する時など）、および小祭に準ずるもの（皇后以下の皇族霊代を遷す時など）、さらに㉒天皇の大礼をはじめ皇族の人生儀礼などに関わる臨時祭祀がある

・上記以外に、④毎月「旬祭」（各月の1日、11日、21日。ただし元旦は歳旦祭）が、また⑤毎日「毎朝御代拝」が、それぞれ三殿で行われる。

皇室の祭祀では、(三)のうち神武天皇祭に並んで重要なのが⑪先帝の昭和天皇祭(大祭)です。ついで四代前の⑭孝明天皇例祭、三代前の⑮明治天皇例祭、二代前の⑰大正天皇例祭、および先帝皇后の⑯香淳皇后例祭が、いずれも小祭として行われます。

ただ、崩御から一定年数(5・10・20・30・40・50・百年、以後百年ごと)の「式年」に当たれば、⑭⑮⑯⑰も「例祭」ではなく⑲「式年祭」を大祭として営まれます。⑳それ以前(⑬以外)の歴代天皇の式年祭(百年ごと)は小祭です。

このように皇室では、歴代の崩御された相当日(旧暦の時代は新暦の月日に換算)だけでなく、毎年いわゆる「春分の日」「秋分の日」に㉓㉔春季と秋季の「皇霊祭」は大祭として皇霊殿で行われ、歴代の天皇・皇族たちに感謝を捧げられます。

また、それとは別に、当代(今上)天皇の御誕生日には⑱「天長祭」が小祭で行わます。また新天皇に代替りしますと、㉑践祚式・即位礼・大嘗祭の折々に関係祭祀があります。さらに㉒各皇族の人生儀礼(誕生・成年・結婚など)の折々にも、関係祭祀を行われます。

なお、年末に近い12月25日には、㉕賢所の前で皇祖の天照大神に感謝して「御神楽」が夕方6時から深夜12時まで奉奏されます。

第四章——

皇室典範に規制された皇室制度

一　明治典範を引き継いだ戦後の新典範

明治の皇室典範は独立した「皇室の家法」

日本の皇室は、２千年近い系譜を辿ることのできる、世界史的にみても稀有な名家です。従って、比較的新しい王室のように、最初から王室法を定め、それに則って継承するのではなく、大和を中心にして王権を樹立し拡大する過程で、大まかな慣習法を形づくり、そのような先例を規範としながら現実に柔軟な対応をしてきました。

しかも、前述のとおり、古代中国の律令をモデルに作られた日本の律令は、原則として天皇が臣民の在り方を定めたものでして、皇室の在り方を細かく規制したものではありません。ところが、近代に入り西洋をモデルにしようとすれば、国家の法制としての憲法だけでなく、皇室の法制も明文化せざるをえなくなったのです。

そこで、明治８年（１８７５）４月14日に設けられた「元老院」で起草されたのが『国憲按』です。これは日本古来の法典と「海外各国の成法」も可能な限り調べて、後の典範と憲法を一体にしたような草案です。しかし、まもなく岩倉具視が「皇室の憲法」は「皇室の家法」だから「帝国の憲法」とは独立したものにすべきだ、という原則を提示します。それを承けて伊藤博文が中心となり、両方の草案を準備して何十回も検討を重ねました。その結果、同22年（１８８９）２月11日制定されたのが『皇室典範』と『大日本帝国憲法』にほかなりません。

この明治『皇室典範』は、その前文に「天祐を享有したる我が日本帝国の宝祚（皇位）は、万世一系歴代継承し、以て朕（明治天皇）が躬《み》に至る。……今の時に当り、宜しく遺訓を明徴にし、皇家の成典を制立し、以て丕基を永遠に鞏固にすべし。……」と述べられ、末尾の第六十二条で次のように定めています。

将来この典範の条項を改正し、又は増補すべきの必要あるに当りては、皇族会議及枢密顧問に諮詢して、之を勅定すべし。

この点は、『帝国憲法』の第七章「補則」第七十四条にも、「皇室典範の改正は、帝国議会の議を経るを要せず。」とあります。議会の介入を認めない独立の根本法だということが明示されていたのです。

ここにいう「皇族会議」は、同典範の第五十五条に「皇族会議は、成年以上の皇族男子を以て組識し、内大臣・枢密院議長・宮内大臣・司法大臣・大審院長を以て参列せしむ。」とあります。天皇陛下が「親臨」（みずから臨席）され、皇族の一人を議長とする（内大臣以下は、参列して説明したり意見を述べても票決には加わらないオブザーバー）という皇族主体の協議機関です。

　また「枢密院」は、天皇陛下の諮問機関であり、元大臣や政府高官などの顧問官によって構成されましたが、政府から独立していたことに意味があります。

　この明治典範は、制定から40年余り堅持されました。ただ、その間に「改正」ではなく「増補」という形で実質的な改正が行われ、また関連の「準則」も作られました。

　最初の「増補」は、明治40年（1907）2月、前文に「人文の発展は寰宇《かんう》（天下）の進運に随ひ、制度の燦備《さんび》（実情）は条章の増原（増補）を必要とす」るに至ったとした上で、永世皇族（皇族は子孫も末代まで皇族とする）制度を見直し、親王の男子の「王」は「家名を賜ひ華族に列せしむ」とか、「華族の家督相続人となり、又は……華族の養子となることを得」という道を開いています。しかも、それにあわせて「皇族の臣籍に入りたる者は、皇族に復することを得ず」とも定めています。

　2回目の「増補」は、大正7年（1918）11月、前文で「時に随ひ宜を制し、以て国運の進展に順応す……今や皇室の成典を増補するの必要を認め」たとして、典範第三九条の「皇族の婚嫁は同族（皇族）又は……華族に限る」とあったのを少し改めて、「皇族女子は王族又は公族に嫁することを得」と定めました。これにより、梨本宮の長女方子《まさこ》女王が朝鮮王族李垠《りぎん》の妃殿下となりえたのです。

しかも、大正9年5月に勅許された「皇族の降下に関する施行準則」では、前述の増補を推し進めて、諸王の「長子孫の系統四世」以後の子孫は、「家名を賜ひ華族に列す」ることになりました。これは、明治の初め一代限りで認められていた宮家が徐々に永代化して、皇族の総数が増えすぎ、財政を圧迫し始めた現実への対策にほかなりません。

新憲法下の法律とされた戦後の新典範

ところが、それとは全く別の敗戦という事情により、根本法の明治典範を一変しなければならなくなりました。前述のごとく、昭和20年8月から日本を占領統治したＧＨＱは、憲法だけでなく典範の改廃を迫り、民政局長のホイットニーが「皇室の自律権」を否定し、「皇室典範も国会の制定するもの（法律）」とするよう命じてきたからです。

そこで、憲法自体（第二条）に「国会の議決した皇室典範」と明示し、法律としての新典範案が政府により作成されました。ただ、その際、GHQとしては政府が「皇室を国会のコントロール下に置く」原則さえ認めればよいと考えたのか、英訳した草案に対して、若干の質問や意見を述べるだけで、彼らの価値観を押し付けるに至っていません。

たとえば、新典範の第一条は、旧典範の第一条を少し簡略にして、皇位継承者を「皇統に属する男系の男子」に限りました。その草案をみた民政局のサイラス・ピークが「女帝を認めぬことは男女平等の原則に反せぬか」と問いました。それに対して法制局の井手成三氏が「女系を認めぬ以上、女帝を認めても一時の摂位（その位にあるだけ）にすぎず。この男系世襲の原則は、男女平等原則を越える。……」と答えています。

すると、ピークは「大体その考え方を支持する」と受け入れた上で、「理論的に承継し得ることにして、事実は全然承継せぬこととすれば如何《いかん》」（女子に継承資格を認めることにしておき、その順位を全男子の後に置くようなことにすれば、女帝は事実上出現しないので、そうしたらどうか）と提案しました。それに対して井手氏は「女帝を認めても、その後継なきため（女帝に結婚を認めないので後継者がないのだから）大した効果なし。……」と答えて、原案を変えずに承認されています。

明治と戦後の憲法と典範の対比

大日本帝国憲法	日本国憲法
明治22年(1889)2月11日公布	昭和21年(1941)11月3日公布
前文	前文
・天皇（1～17条）	・天皇（1～8条）
	・戦争の放棄（9条）
・臣民権利義務	・国民の権利及義務（10～40条）
・帝国議会	・国会（41～64条）
・国務大臣及び枢密顧問(55･56条)	・内閣（65～75条）
・司法（57～61条）	・司法（76～82条）
・会計（62～72条）	・財政（83～91条）
	・地方自治（92～95条）
	・改正（96条）
・補則（73～76条）	・最高法規（97～99条）
※73.7条は改正の規定)	・補則（100～103条）

明治の皇室典範	戦後の皇室典範
・皇位継承（1～9条）	第一章　皇位継承（1～4条）
・践祚即位（10～12条）	※第4条に終身在位の規定
・成年・立后・立太子(13～16条)	第四章　成年・敬称・即位の礼・
・敬称（17・18条）	大喪の礼・皇統譜及び陵墓
	(22～27条)
・摂政（19～25条）	第三章　摂政（16～21条）
・大傅（26～29条）	
・皇族（30～44条）	第二章　皇族（5～15条）
・世伝御料（45・46条）	―→「皇室経済法」
・皇族経費（47・48条）	
・皇族訴訟及懲戒（49～58条）	
・皇族会議（55・56条）	第五章　皇室会議（28～37条）
・補則（57～61条）	付則　（1～3）
・旧典範は明治41年（1907）と大正7年（1918）に増補3条	

二　皇位の継承者は皇統の男系男子のみ

明治前半に「女帝・女系」容認から全否定へ

このようなやりとりを経てＧＨＱの諒解を得た政府は、草案を仕上げて、同21年12月、第九十一回帝国議会の審議にかけます。

その提案理由をした吉田茂首相は、「おおむね現行（明治以来）の皇室典範に規定するところを踏襲」していると率直に述べています。それに対して、与野党から様々な異論も提案も出されましたが、結局ほとんど原案どおりで可決され成立するに至ったのです。

これ以下、その主要な条文を掲げ、旧典範との異同、新典範への質疑について紹介します。まず第一条「皇位継承」の前半に次のごとく定められています。

第一条　皇位は、皇統に属する男系の男子が、これを継承する。

第二条　①皇位は、左の順序により、皇族に、これを伝える。

一　(1)皇長子　／二　(2)皇長孫　／三　(3)その他の皇長子の子孫

四　(4)皇次子及びその子孫　／五　(5)その他の皇子孫

六　皇兄弟及びその子孫[6]　／七　皇伯叔父及びその子孫[7]

②前項の各号の皇族がないときは、皇位は、それ以上で、最近親の系統の皇族に、これを伝える。

③前二項の場合においては、長系を先にし、同等内では、長を先にする。

この両条は、旧典範とほとんど違いがありません。旧典範の第一条に「大日本国皇位は、祖宗の皇統にして、男系の男子、これを継承す」とありましたが、新典範で「祖宗の」を省いた程度です。

しかし、よく考えてみれば「皇統」は、皇祖皇宗以来の血統を継承していることが本質的に重要であります。そのうち、男系の男子が多いのは確かですが、女子（女帝）を排除するものではありません。ところが、典範は旧も新も「皇統」という大きな流れに属する皇族のうち「男系の男子」のみに皇位の継承資格を限定しています。

この点、旧典範に至る論議を振り返ってみます。明治9年（1878）の第一次「国憲按」は、本書第1章に引用しましたが、同13年の第三次案でも次のごとく定めていました。

第一条　今上天皇の子孫を帝位継承の正統とす。

第二条　帝位を継承する者は、嫡長（正室の長子）を以て正とす。もし太子（皇子）在らざるときは、太子男統の裔（子孫）嗣《つ》ぐ。太子男統の裔在らざるときは、太子の弟もしくはその男統の裔嗣ぐ。嫡出男統の裔渾《すべ》て在らざるときは、庶出の子（側室の子）及びその男統の裔、親疎の序《ついで》に由り入れて嗣ぐ。

第三条　……もし止むことを得ざるときは、女統入りて嗣ぐことを得。

これによれば、帝位（皇位）の継承者は、「今上天皇」（当時の明治天皇）の子孫が「正統」である。そのうち「嫡長」（正室の長子）の太子（皇子）、「太子の弟」又は「男統の裔（子孫）」の順に男子を優先するが、なければ「庶出の子」でも「女統」でも帝位を嗣ぐことを認めています。

ついで、同18年（1885）、宮内省の制度取調局が立案した『皇室制規』は、第一章にも紹介しましたが、第一条に「皇位は男系を以て継承するものとす」との原則を掲げた後、「もし皇族中、男系絶ゆるときは、皇族中、女系を以て継承す」との準則も認めています。また第十三条で「女帝の夫は、皇胤《こういん》（皇室の血縁子孫）にして臣籍に入りたる者の内、皇統に近き者を迎ふべし」と定めています。

しかし、これに対して井上毅が伊藤博文あての意見書で強く反対し、もし右の第十三条を認めたならば、「女帝の夫」は「臣籍に入りたる者」（氏姓をもつ）だから、その間に生まれた子が「姓」（家名）を名乗って皇位に即《つ》けば、イギリス王家の王朝名が何度も変わっているように「皇統の姓を易」えることになる、という理屈で不可としました。そのため、以後の「皇室典範」草案では、女帝も女統（女系）も否定され、それが第一条となってしまったのです。

ところが、これもよく考えてみますと、皇室には昔も今も姓がなく、もし臣下が女子であれ男子であれ皇室に入れば、正田とか黒田などという生家の姓（家名）は消えてしまいますから、皇統の姓が変わることはありえません。

ただ、旧典範では「嫡出」（正室の所生）を優先しながら「庶出」（側室の所生）による皇位の継承も認めていましたが、新典範は嫡子だけで庶子を認めていません。これは大きな違いでありまして、厳密な一夫一婦のもとで必ず「男系の男子」を確保し皇室の世襲を永続していくことは、極めて難しいと思われます。

新典範案審議でも「男系の男子」限定への異論

この新典範案を帝国議会に上程する際、政府は全条文に関する「想定問答」を作り、それに基づいて答弁を繰り返しています。これは、起案者の真意を示す貴重な文献ですから、拙著『近現代の「女性天皇」論』（平成13年、展転社新書）に、参考資料として全文掲載しましたが、ここには要点を紹介します。

まず第一条「『皇統に属する』というのは、『現在の天皇が天皇であられるのは、憲法以前の自明の問題であるとし、今上を中心としてここに至り又ここより発する一系の血統を皇統と観念した。この血統を享《う》けるものを皇統に属するものとし、皇位継承資格の根本要件とした。』」と答えています。

ついで「女系及び女天皇を認めない理由」のうち、「女系」について、「皇統は男系に依り統一することが適当である。……女系が問題になるのは、その系統の始祖たる皇族女子に、皇族にあらざる（臣籍の）の配偶者が入夫として結婚し、その間に子供がある場合……女系の子孫は仍《すなわ》ち皇族に在らざる配偶者の子孫が臣下であるということが強く感ぜられ、皇統が皇族にあらざる配偶者の家系に移ったと観念されることをも免れない」から、「女系を認めない」と井上毅流の理屈で答えています。

また「女帝」についても、「女帝は配偶者があることを予想しなくてはならないばかりでなく、その配偶者が皇族でない者から出てゐることが多いことも考慮に入れなければならぬ。……しかも女帝が独身ならば子供はあり得ないし、配偶者があって子供があっても、前述の理由で女系を認めない（その子供の継承を認めない）とすれば……他に男子の皇位継承者がなくて女帝を認めることは、天皇制度を一世だけ延命させるだけのことにしかならない」から「女帝は認めない」と、かなり強引な説明をしています。

さらに、新憲法（第十四条）が「すべて国民は、法の下に平等」と定めているのに、「皇統を男系（しかも男子）に限ることは、憲法違反とならないか」との問を設け、それに対して新憲法（第二条）が「皇統は世襲のもの」と定めているので、「明らかに第十四条の例外をなしてゐる」とみなすことができると説明しています。

その「世襲」とは、「伝統的歴史的観念」ですが、それを明治の『皇室典範義解』（伊藤博文著として公刊）では、「（一）皇祚《こうそ》（皇位）を践むは皇胤《こういん》に限る、（二）皇祚を践むは男系に限る。（三）皇祚は一系にして分裂すべからざること」の三点に要約しています。しかも、それが「歴史上一《いっ》の例外もなく続いて来た客観的事実にもとづく原則である」から、「女系ということは皇位の継承の観念の中に含まれてゐない」と解しています。

また「歴史上に女帝は存するけれども、それは概《おおむ》ね皇位継承者が幼年にゐます為、その成長を待つ間の一時の摂位にすぎない」から、「女帝の登極といふことは、むしろ皇位の不安定を意味するものといえる」と、これまた強引に結論づけています。のみならず「男女同権といふことは、国民すべてに適用する」原則ですが、「皇位継承資格者」は「国民の一部にすぎない」から「その一部に於ける不平等は、必ずしも男女同権原則の否定とは言ひ得ない」と、奇妙な理屈で「憲法違反と言ひ得ない」と答えています。

なお、新典範の第二条（継承の順序）については、字句の意味を一々確認した後、「皇位継承は、国会の議決によるべきではないか」という問をもうけ、それに対して、「皇位世襲の原則をとる以上、自然に何等の行為を俟《ま》たないで皇位継承をなされるものとするを相当と考へる。……具体的な順序の変更（その必要が生じた時）は、国会の代表といふべき者（衆参両院の正副議長）を構成員の主要メンバーとする皇室会議の議により行はれることに、本条（実は次の第三条）で決められてゐるのであるから、皇位継承の民主的基礎は十分である。」と答えています。

さて、12月の衆議院と貴族院における議事録をみますと、予想どおりの質問・異論が少くありません。たとえば、進歩党の吉田安氏は、「男女平等を新憲法に申しながら……皇位に関してこれを排除なさるのは、割り切れないものを感ずる。よろしく女帝を認めてしかるべきである。」と主張。また国民党の井上赳氏は、「庶子を認めない」とか「皇族の身分を離れる者が多くなる」ために「起こり得る皇統の万一に際し（皇男嫡子の減少に備え）……女子の天皇の御即位を一まず認めておくことが、将来の皇統の安泰を期する上に、きわめて大切なことではなかろうか」と指摘しています。

これに対して政府（専ら金森徳次郎国務大臣）は、前掲の「想定問答」に基づく答弁を繰り返しています。ただ、「女帝を認めることによって、皇族の範囲などについても非常に考えなければならぬ」から、「これは将来の問題に残して、万遺漏なき制度を立てることが、われわれの行くべき道であろう。」と、この新典範案が完全なものではなく「将来の問題を残して」いることを認めておられます。

このような政府の答弁について、渡辺佳英氏も「女帝を認めるべきかどうかについては、現在なお慎重に研究すべき事項が多い……という、いわば時期尚早論、宿題として研究するという留保論ともいうべきものだった」（『法律時報』昭和二十二年三月号「皇室典範及び皇室経済法」）と評しています。

三　皇嗣の範囲、天皇の在位期間

皇位継承の順位変更は皇室会議で検討

つぎに第一章「皇位継承」の後半と第二章「皇族」の中に、次のごとく定めています。

第三条　皇嗣に、精神若《も》しくは身体の不治の重患があり、又は重大な事故があるときは、皇室会議の議により、前条（第二条）に定める順序に従って、皇位継承の順序を変えることができる。

第四条　天皇が崩じたときは、皇嗣が、直ちに即位する。

第八条　皇嗣たる皇子を皇太子という。皇太子のないときは、皇嗣たる皇孫を皇太孫という。

このうち、第三条は、旧典範第八条の引き写しに近いのですが、「皇室会議の議により」は、もと「皇族会議及び枢密顧問に諮詢し」とあったのを改めた点が異なります。また、第四条は、旧典範第一〇条の「天皇崩ずるときは、皇嗣即ち践祚し、祖宗の神器を承く。」

に基づき、「践祚」を「即位」に改め、それ以下を省いています。

それに対して第八条は、旧典範に該当の条文がありません。そこで、再び昭和21年当時の「想定問答」をみますと、まず「皇嗣とは何か」との問を設け、「皇位継承の第一順位者である。必ずしも皇太子に限らない」と答えるに留まります。しかしながら、第八条が「皇嗣たる」者として天皇の「皇子」（男子）と「皇孫」（男孫）しかあげていないため、天皇の「皇女」も「皇弟」も入らない、と解するほかありません。

これは重大問題です。なぜなら、今回の天皇陛下により提起された「生前退位」（高齢譲位）が、何らかの法的措置により実現する場合、その皇長子である皇太子徳仁親王は、父君の践祚以来「皇嗣たる皇子」として「皇太子」でありますから、父君が譲位されますと皇位に即《つ》くことができます。けれども、新天皇には皇子がありません（もちろん皇孫もない）から、「皇太子が不在になる」という認識が、すでに七月のＮＨＫ第一報で示されています。

別の言い方をすれば、現皇太子が新天皇になられると、典範の第二条によって、皇位継承の第一順位は秋篠宮文仁親王（第二位はその長男悠仁親王）となりますが、それにも拘らず新天皇の弟である「皇弟」は「皇太弟」になれないのです。これは明らかに自己矛盾でありますから、第八条を削除してしまうか（そうすれば第二条の皇族男子はすべて皇嗣となりえます）、または第八条を「皇位継承の順序が一位の皇族を、皇嗣とし、皇太子と称する」というような文言に改める必要があります。

この「皇嗣」（皇位の後継者）は、第三条によって、心身の「不治の重患」か「重大な事故」のため次の皇位に即くことが不可能になった場合、「皇室会議の議により……皇位継承の順位を変えることができる」と定められています。

その手続きに関して、「議により」と「議を経る」は、大いに違います。「皇室会議が発議権及び決定権を持つ場合」ならば「議により」とし、「成立している行為について皇室会議が、承認ないし同意を与え、その他これに関与する場合」ならば「議を経る」としたことを「想定問答」で説明しています。

また、「皇嗣の変更は、国会の議決によることが本当ではないか」という問を設け、それに対して「皇嗣変更」の必要な事態が生じた場合、「具体的事実関係の裁定に当って、その調査手続や論議を公開群議することが適当でないことが多く予想せられ」るので、国会に代り得る少数の権威者達（皇室会議の議員）が十分審査検討して冷静公正な判断を加える制度にした方が妥当である」と答えています。

「天皇の生前退位を認めない」往時の説明

一方、第四条については、「天皇の生前退位を認めない理由如何」との問を設け、それに対して次のように答えています（「生前退位」という表現の初見か）。

「退位を認めるとすれば、歴史上に見るが如き上皇・法皇的存在の弊を醸す虞がある。のみならず、必しも天皇の自由意志に基かぬ退位が強制されることも考へられる。又、退位が国会の承認を経ることにしても、天皇の地位にある方が、その立場の自覚を欠いて、軽々に退位を発意され得ることにすることも面白からぬことである

要するに、天皇の地位を政争や恣意或は人気の如きものから超越したものとして純粋に安定させるためには、退位の制を認めないことにするのがよいと考へる。天皇に重大な故障があるといふ場合には、摂政をおくことによつて凡て解決できる。

なほ、天皇の地位が統治権の総攬者から、象徴に移つたことも、退位の必要性を減ずるものである。（将来野心のある天皇が現はれて、退位して後、例へば内閣総理大臣となり政治上の実権を壟断することも予想できぬことでなく、かやうな例について考へれば、天皇の生前退位を認めることは、かへつて改正憲法第四条第一項後段の趣旨を骨抜

きにするおそれがある。)」

このうち、「なほ」以前は、明治以来の説明を平たく言ったにすぎません。伊藤博文編『皇室典範義解』の第十条をみますと、「譲位の例の皇極天皇に始まりしは、蓋《けだ》し女帝仮摂より来る者なり。……その後、権臣の強迫に因り両統互立を例とするの事あるに至る。而して南北朝の乱亦ここに誘因せり」という理由から「譲位の慣例を改」めたと説明しています。

しかし、皇極天皇が初めて弟の孝徳天皇に譲位されたのは、「女帝」のため「仮摂」(仮の天皇として一時的に大政を摂ること)だったからではありません。また、鎌倉時代の「両統互立」(後嵯峨天皇の子孫二系統が交互に即位したこと)も「南北朝の乱」(大覚寺統の南朝と持明院統の北朝を擁する足利氏との争乱)も、譲位が主因とは言えません。

この旧典範の第一〇条(終身在位)が決まるまでの議論を振り返りますと、その草案作成に尽力した井上毅は、明治18年ころの「謹具意見」で、女帝には反対しておりますが、「天皇違予」(心身不能)ならば、摂政を置くより「穏かに譲位あらせ玉ふ」方がよいと述べています。

また、同20年3月、柳原前光らが立案し井上も加わって修正しました「皇室典範再稿」の第十三条に、

天皇は終身大位に当る。但し、精神又は身体の重患あるときは、元老院に諮詢し、皇位継承の順序に依り、その位を譲ることを得。

という草案を作り、東京高輪にあった伊藤の別邸における検討会議に提出しています。ところが、伊藤は譲位を否定しようとして、「天皇は……ひとたび践祚し玉ひたる以上は、随意にその位を遜《のが》れ玉ふ理なし。そもそも継承の義務は法律の定める所に由る。精神又は身体に不治の重患あるも、なほその位より去らしめず、摂政を置て百政を摂行するにあらずや。昔時、譲位の例……これ浮屠氏（仏教僧侶）の流弊より来由するものなり。」と反撃しています。

それに対して、井上は「ブルンチェリー氏の説に依れば、至尊（天皇）と雖も人類なれば、その欲せざる時は何時にてもその位より去るを得べしと云へり」と原案を残そうと努力しました。ブルンチェリーはドイツの著名な政治学者であり、名著『国法汎論』が加藤

弘之から明治天皇に進講されていましたから、井上もこれを援引すれば、伊藤を説得できると考えたのでありましょう。

しかしながら、伊藤は聴き入れず、「本条、不用に付き削除すべし」と断じています。その結果、前掲の第一〇条が出来あがり、天皇の終身在位が確定したのです。

それから40余年後の昭和22年、法律として制定された新典範も、ほぼ同じ理由によって譲位を否定し、終身在位を再び規定してしまいました。それは当時の応急的な理由づけとして説得力をもったのかもしれません。

けれども、新典範公布から70年後の今日、かつて予見できなかった超高齢化社会が進行しており、昔の理屈は通用し難い現実を直視する必要がありましょう。

四　皇族は養子も女子宮家も不可

親王・内親王は二世まで、「王」「女王」は永世皇族

ついで、第二章「皇族」にも問題があります。まず皇族という特別な身分にある人と、その範囲を定めた条文の主な部分は、次のとおりです（各末尾の↑旧は関連の旧典範）。

第五条　皇后・太皇太后・皇太后、親王・親王妃・内親王、王・王妃及び女王を皇族とする。（↑旧三〇条）

第六条　嫡出の皇子及び嫡男系嫡出の皇孫は、男を親王、女を内親王とし、三世以下の嫡男系嫡出の子孫は、男を王、女を女王とする。（↑旧三一条）

第八条　皇嗣たる皇子を皇太子という。皇太子のないときは、皇嗣たる皇孫を皇太孫という。

第九条　天皇及び皇族は、養子をすることができない。（↑旧四二条）

第十条　立后及び皇族男子の婚姻は、皇室会議の議を経ることを要する。（↑旧三九・四〇条）

第十一条　①年齢十五年以上の内親王、王及び女王は、その意思に基き、皇室会議の議により、皇族の身分を離れる。

②親王〔皇太子及び皇太孫を除く〕、内親王、王及び女王は、前項の場合の外、やむを得ない特別の事由があるときは、皇室会議の議により、皇族の身分を離れる。（↑旧第一増補一・二条）

第十二条　皇族女子は、天皇及び皇族以外の者と婚姻したときは、皇族の身分を離れる。

（←旧四四条・第二増補）

第十五条　皇族以外の者及びその子孫は、女子が皇后となる場合及び皇族男子と婚姻する場合を除いては、皇族となることがない。

このうち、第五条は、「皇族」と称しうる者を列挙しています（念のため、天皇は皇族の上に立ち、皇族ではありません）。いうまでもなく、皇后は天皇の配偶者、太皇太后は先々帝の皇后、皇太后は先帝の皇后です。

当時の「想定問答」をみますと、「皇后を第一に挙げた」のは、「天皇の配偶は天皇に次ぐ班位（順位）であるべきであり、すでに明治43年（1910）公布の「皇族身位令」以来、年齢の高い太皇太后・皇太后よりも「皇后が第一位」を理由にあげています。

一方、第六条に「嫡出」とか「嫡男系嫡出」と特に断るのは、旧典範では側室の庶子を容認してきましたが、新典範では、「天皇の象徴たる地位に鑑み、この地位につかれる資格として、嫡出（正室の所生）に限り、庶出（側室の所生）を認めないことが適当と考えた」からです。また「嫡男系」というのは、「庶系・女系を排する意」だとしています。

この第六条で重要なことは、「親王」「内親王」を二世まで（天皇の子と孫）に限り、

「三世以下」をすべて「王」「女王」と定めたことです。これを「想定問答」はほとんど問題にしていませんが「親王」と「王」、「内親王」と「王女」の区別、および「王」「女王」の子孫も永世「王」「女王」（皇族）とした意味を考えてみる必要があります。

かつては「大宝令」（「継嗣令」）以来、一世（天皇の兄弟姉妹と皇子・皇女）のみを「親王」「内親王」と称し、二世から四世（天皇の玄孫）までを「王」「女王」と称する「皇親」（天皇の親族）と認め、「五世」以下は「王」「王女」と称しても皇親（皇族）と認めない、という範囲を定めていました。

それに対して明治以来の旧典範は、第三一条で「皇子（皇女も含む）より皇玄孫までは、男を親王、女を内親王とし、五世以下は（代々）、男を王、女を女王とす」と大幅に範囲を広げています。つまり「親王」「内親王」は天皇の子から玄孫まで、その次の「五世以下」は永世にわたり「王」「女王」と称する皇族と認めてしまったのです。

これは旧典範制度当時、「皇嗣」の皇太子嘉仁親王（10歳）が誕生されても病弱でしたから、万々一に備えて皇族（特に親王）を確保しておく必要があり、また一方で当代限りの宮家が永世皇族化を強く求めたこともあって決められたことです。（しかし、前述のとおり、次第に皇族数が過多となり、大正時代に「皇族降下」の準則を定めています）。

それが新典範では、この旧典範を少し直して、「親王」「内親王」を二世までに狭めたのみで、それ以下の「王」「女王」を永世にわたりすべて皇族と認める点は変っていません。

皇族は「養子をする」ことができない

次の引用を省いた第七条には、もし「王が皇位を継承したとき」、その兄弟姉妹が「王」「女王」から「親王」「内親王」に昇格することを定めています。また第八条については、前述したので繰り返しません。

つぎに第九条は、旧典範の第四二条「皇族は養子を為すことを得ず」の引き写しです。ただ、その冒頭に「天皇」を加えたのは、当時の「想定問答」に「歴史上、天皇養子の事が多かった」ので「皇族の養子の禁……が天皇に及ばぬことを虞れたからである」と説明しています。

確かに明治以前は、皇位が直系の男子継承でない場合、弟や孫および傍系の皇族男子を「養子」（猶子《ゆうし》）として、父子の関係になぞらえられた例が少なくありません。

たとえば、今上陛下より六代前の光格天皇は、その祖父東山天皇の皇子直仁親王を初代とする閑院宮家の三代目にあたりますが、東山天皇の玄孫にあたる後桃園天皇の急逝により、その「養子」として践祚されることになったのです。

しかし、旧典範では「養子猶子の習」を「中世以来の沿習にして、古の典例に非ざるなり」「皇族互に男女の養子を為すことを禁ずるは、宗系紊乱《びんらん》（中心の系統が混乱する）の門を塞ぐ」ためだと『典範義解』で説明しています。確かに男女とも永世皇族となれることにしますと、皇族の増大することが予見されますから、養子を認める必要がないどころか、養子により系譜関係が混乱するからよくないと考えたのでありましょう。

この点、新典範の制定当時は全く事情が違いまして、GHQの皇室財産凍結指令により、直宮《じきみや》（昭和天皇の弟宮三家）以外、傍系の十一宮家は全員（男26名、女25名）がすべて皇籍離脱（臣籍降下）を余儀なくされる状況にありました（実施は同22年10月）。従って、近く激減する皇族の将来を考えれば、かつてのように天皇も皇族も「養子をする」ことができるようにしておいた方がよかった（しておくべきであった）と思われます。

しかし、当時の「想定問答」では、養子の禁止を正当化するために、養子を認めるならば「非皇族が御手許金なり皇族費なりで生活すること」になって「適当ではない」とか「その養子が有力になると、憲法第四条の趣旨（天皇と同様、皇族も「国政に関する権限を有しない）」、本案第十五条の趣旨（一般国民は、女子が皇族男子と結婚する以外、皇族になれない）に触れて来るおそれもあるから、一般国民を養子に迎えることができない。それだけでなく、「皇族を他の皇族が養子にすることも禁じている」としています。

ただ、新典範は皇族（皇太子以外）が皇籍を離れて「皇族以外（一般国民）の養子となることを妨げない」としています。それは前述のとおり明治40年（１９０７）の典範増補でも「王は、勅許に依り、……家督相続の目的を以て華族の養子となることを得」と定められていたから、当然でありましょう。

皇族女子は宮家を継ぐこともできない

さらに、第十条の「立后」は「天皇の結婚」と同義であり、即位後に結婚された場合です。今上陛下も現皇太子殿下も即位以前に「結婚の儀」を挙げておられますが、もちろん国事行為の「儀式」として挙行されました。その皇太子も含む「皇族男子」は、皇位継承の有資格者ですから、婚姻の成立には、本人の合意ができますと、「皇室会議の議を経て」公的な同意（承認）をえなければなりません。

つぎに第十一条の①と②は、皇太子・皇太孫（皇嗣）以外の皇族がその身分を離れるには、皇位継承資格のない十五歳以上の内親王と女王及び継承の順位が低い王であれば、本人の「意志に基き」、また継承順位の高い親王も含めて「やむを得ない事由があるとき」ならば、皇室会議が審議して承認することができます。

なお「満十五歳以上」としたのは、「想定問答」に明治以来の「皇族身位令」二五条により「身分上の行為につき意志決定能力ありとする限界」を認めたからだとあります。

この後者の「やむを得ない理由」については、昭和57年（1982）5月、三笠宮家の長男寛仁《ともひと》親王（34歳）が「皇籍を離脱したい」と発言された際、国会で問題になり、山本悟宮内庁次長が「皇族としての品位を傷つけるとか、その地位を保持することが不適当なような事情があった場合」、または「皇族の数が非常に多く……なって……そこまで皇族の数を確保しておくことがどうかというようなとき」をあげて、親王の場合「その意思に基づき……身分を離れるという制度は、典範上無い」が、「天皇に近い身位の方をというのは、そういう制約を受けてもやむを得ない」と答えています。

それと対照的なのが、第十二条です。これも旧典範の第四四条「皇族女子の臣籍に嫁したる者は、皇族の列に在らず」を平易に書き直したものです。ただし、旧典範が続けて「但し、特旨により、仍《なお》内親王・女王の称を有せしむることあるべし」と、称号の保持を認めていたのですが、それを新典範は省いていますから、結婚後は一般国民と全く異ならないことになってしまいます。

ここにいう「皇族女子」は、皇室において皇族として生まれた女子（内親王と女王）でして、未婚者をさすことが多い。園部逸夫氏『皇室法概論』では、「太皇太后、皇太后、夫を失った親王妃（夫を失った王妃もこれに当たる」と解されていますが、私は一般女子が結婚により皇族となった方まで含める場合「女性皇族」と総称して、皇室で誕生された内親王と女王のみを「皇族女子」ということにしています。

この新典範制定当時、直宮以外の皇籍離脱により皇族男子が激減しますと、皇族女子は一般男子と結婚するほかなくなります。その結果、皇族身分の方が次々いなくなってしまうことは、当然予想できたにちがいありません。それにも拘らず、この第十二条を定めたことによって、皇族女子は出身宮家に男子がない場合でも、一般男子と結婚すれば、その生家を継ぐことすらできないのです。

ただ、『皇室経済法』の第六条（皇族費の内訳）をみますと、「独立の生計を営む親王」と共に、「独立の生計を営む内親王」をあげていますから、内親王は独身のままならば独立（一種の女性宮家を設立）することができるかもしれません。しかしながら、独身を貫けば、一代限りで終わってしまいます。この点、お若い皇族としては、悠仁親王（10歳）

以外、いわゆる結婚適齢期の皇族女子が6名（もう一人の敬宮愛子内親王も15歳）という現在、早急に見直しを要すると思われます。

五 「大喪の礼」と「即位の礼」

天皇・皇族の「成年」と「敬称」

ついで第三章「摂政」（全六条）については、本書の第三章で略述しましたから、ここには割愛し、後の第五章であらためて言及します。

その次が第四章「成年、敬称、即位の礼、大喪の礼、皇統譜及び陵墓」（全六条）です。この大半が旧典範では、第二章「践祚即位」（三条）、第三章「成年、立后、立太子」（四条）、第四章「敬称」（二条）に相当します。

ただ、旧典範には「大喪の礼」と「陵墓」と「皇統譜」については規定を設けず、慎重を期したのか、37年後の大正15年（1926）10月「皇室喪儀令」と「皇室陵墓令」「皇統譜令」を制定し公布しています。

このうち、まず「成年」と「敬称」については、次のごとく定めています。

第二十二条　天皇・皇太子及び皇太孫の成年は、十八年とする。（↑旧一三・一四条）
第二十三条　①天皇、皇后、太皇太后及び皇太后の敬称は、陛下とする（↑旧一七条）
②前項の皇族以外の敬称は、殿下とする（↑旧一八条）

すなわち、天皇と皇太子・皇太孫の「成年」（成人年齢）は、旧典範と同様、他の皇族および一般国民よりも二年早く満十八歳と定めています。なぜなら「天皇についても、摂政（未成年）による代行の期間を短縮し、皇太子・皇太孫についても、摂政即位の機会を早からしめる為の措置である」からです（当時の「想定問答」）。

その成年に達しますと、明治42年（1908）公布の「皇室成年令」に準じて戦後も「成年式」が行われています。

今上陛下の場合、昭和26年12月に満18歳となられましたが、その5月に祖母の貞明皇太后陛下（66歳）が崩御されて諒闇《りょうあん》中でしたから、翌27年の11月10日（大正・昭和の即位礼日）に「皇太子成年式加冠の儀」などが「国事行為たる儀式」として宮殿において実施されました。

また現皇太子殿下は、まだ皇孫親王だった昭和55年（1980）2月23日の満20歳お誕生日に「冠を賜う儀」などが、宮殿で「国事行為の儀式」として実施されています。

一方、「敬称」についても、旧典範と同様、天皇と三后（太皇太后・皇太后・皇后）を「陛下」と称し、他の皇族を「殿下」と称しています。

ちなみに、明治以前は、大宝・養老の「儀制令」に「陛下」を「天皇」と「太上天皇（譲位の帝）」への敬称とし、「殿下」を「三后（太皇太后・皇太后・皇后）」と「皇太子」への敬称としています。それが明治の旧典範以来、天皇の終身在位により「太上天皇」は消え、新たに皇后ら三后は、従来の「殿下」でなく「陛下」と称されることになりました。

今後、もし天皇の高齢譲位が実現すれば、多分その尊称は「太上天皇」（または「上皇」）、その敬称は「陛下」となるであろうとみられます。

「大喪の礼」「陵墓」と「皇統譜」

これに次ぐ第二十四条を後に廻して、終身在位の天皇が崩御された後の規定をみますと、左の通りです。

第二十五条　天皇が崩じたときは、大喪の礼を行う。

第二十六条　天皇及び皇族の身分に関する事項は、これを皇統譜に登録する。
第二十七条　天皇・皇后・太皇太后及び皇太后を葬る所を陵、その他の皇族を葬る所を墓とし、陵及び墓に関する事項は、これを陵籍及び墓籍に登録する。

前述のとおり、この三点に相当する条文は、旧典範にみえません。しかし、すでに明治45年＝大正元年（１９１２）の明治天皇崩御までに整えられていた草案を基に実施された「大喪儀」をふまえて、大正15年に「皇室喪儀令」が制定されました。

それは、天皇と三后の場合の「大喪儀」と皇太子以下の皇族の場合の「皇族喪儀」から成り、両方に詳しい「付式」（施行細則）が定められています。大正天皇の御大喪が、これに則って実施されたことは申すまでもありません。

この「皇室喪儀令」は、昭和22年5月にいったん廃止されましたが、先例の規範として残ることになり、昭和64年＝平成元年1月7日に崩御された昭和天皇の大喪儀は、これに準じて行われたのです。

ただ、新典範にいう「大喪の礼」は「国の儀式」（国事行為の儀式）として行われましたが、神道祭式による部分は「皇室の行事」として実施されました。とはいえ、2月24日の新宿御苑における「葬場殿の儀」（皇室の行事）と「大喪の礼」（国の儀式）とは連続する不離一体のものですから、国内と海外の代表たちは、ほとんど両方に参列しています。

また、第二十七条において、天皇と三后を葬る所は「陵」、皇太子と皇族たちを葬る所は「墓」と区別されています。それは飛鳥・奈良以降の古制に基づいています。

しかも、その葬法は、明治以来の草案を大正末年に公布した『皇室陵墓令』に準じて、天皇と三后は山形（円墳）の陵を別々に造成し埋葬されますが、それ以外の皇族は火葬してから遺灰を「皇族墓」に埋納します。ただ、今上陛下の御発案に基づいて検討の結果、今後は前者も火葬にされ、その御遺灰が陵に埋納されることになります。

さらに、前後しますが、第二十六条にいう「皇統譜」については、大正15年（1926）10月公布の「皇統譜令」があり、これを継受した昭和22年（1947）5月公布の新しい「皇統譜令」（政令）があります。

その両令の要点を略述すれば、「皇統譜」と称する皇室専用の戸籍簿は、天皇と三后のための「大統譜」と、皇太子と他の全皇族のための「皇族譜」から成ります。その正本は宮内庁（書陵部）、副本は法務省で保管されています。

その登録（記載）内容は、前者の方が後者より詳しく、前者の天皇の欄には、次の項目を記すことになっています（カッコ内に昭和天皇の例を書き入れておきます。※私注）。

一、御名（裕仁親王）※幼称「迪宮《みちのみや》」

二、父（大正天皇　※明治12・8・31〜大正15・12・25）

三、母（貞明皇后　※明治17・6・25〜昭和26・5・17）

四、誕生の年月日時（明治三十四年四月二十九日午前十時十分）及び場所（東京青山の東宮御所）

五、命名の年月日（明治三十四年五月五日）

六、践祚の年月日（大正十五年＝昭和元年十二月二十五日　※25歳）

七、元号（昭和）及び改元年月日（同右）

八、即位礼の年月日（昭和三年十一月十日）

九、大嘗祭の年月日（昭和三年十一月十四日）

十、成年式の年月日（大正八年五月七日　※18歳）

十一、大婚の年月日（大正十三年一月二十六日　※22歳）及び皇后の名（良子《ながこ》　※久邇宮家出身の女王　20歳）

十二、崩御の年月日時（昭和六十四年一月七日午前六時三一分）
及び場所（皇居の吹上御所）
十三、追号（昭和）及び追号勅定の年月日（平成元年一月三十一日）
十四、大喪儀の年月日（平成元年二月二十四日）
及び陵所（東京都八王子市長房町）及び陵名（武蔵野陵）

盛大な「即位の礼」と神道儀式の「大嘗祭」

一方、新天皇の代始に行われる儀式について、明治以来の旧典範は第二章「践祚即位」に次のごとく定めていました。

第十条　天皇崩ずるときは、皇嗣即ち践祚し、祖宗の神器を承く。
第十一条　即位の礼及び大嘗祭は、京都に於てこれを行ふ。
第十二条　践祚の後、元号を建て一世の間に再び改めざること、明治元年の定制に従ふ。

従って、大正天皇も昭和天皇も、父帝崩御の直後、深い悲しみのうちに「祖宗の神器」

を承け継ぐため、「剣璽《けんじ》渡御《とぎょ》の儀」に臨み、それで実質的に皇太子から新天皇となられたことになります（法的には先帝崩御と同時に新帝誕生）。

その新天皇が最初になすべき公務は「元号を建て」るように枢密院へ諮問され、そこで決議した新元号案を勅定の上、詔書により公布されることです。そうして直ちに決められた「大正」と「昭和」の元号は、改元当日から施行されています。

ついで1年間の諒闇（服喪）明けから準備を進めた「即位の礼」と「大嘗祭」（あわせて大礼という）が、大正天皇の場合も昭和天皇の場合も「京都に於て行」われました。

ただ、前者は大正３年（１９１４）秋に予定されていましたが、同年４月11日、昭憲皇太后（65歳）の崩御によって1年延期され、翌４年11月10日に京都御所の紫宸殿で「即位礼」、同14日夜から翌未明にその東南の仙洞御所跡地で「大嘗祭」が実施されています。

ついで後者は、昭和３年（１９２８）の11月10日と同14日、大正大礼と同じ場所で執り行われました（その後の宴会にあたる「大饗」は、前者の場合、当時離宮であった二条城内、後者の場合、京都御所東脇の饗宴場において実施されています）。

しかし、戦後の新典範では、次のごとく定められているにすぎません。

第二十四条　皇位の継承があったときは、即位の礼を行う。

つまり、従来の「祖宗の神器を承く」ことも「元号を建つ」ことも「大嘗祭は京都に於いてこれを行ふ」ことも、明文化されていないのです。しかし、いずれも「即位の礼」と不離一体の皇位継承儀礼であることは変わりません。

そこで、昭和天皇の御闘病中から、ひそかに検討して準備が進められています（年号の改元については、すでに10年前の昭和54年7月「元号法」を制定し、内々準備が行われていました）。

その結果、前述のとおり、昭和六十四年一月七日朝、昭和天皇（八十七歳八ヶ月余）が崩御された直後、午前十時半から宮殿の正殿「松の間」において皇太子明仁親王（五十五歳）が「剣璽等承継の儀」（国の儀式）に臨まれ、新天皇となられました。

また、政府（竹下内閣）では、同日正午前後、あらかじめ用意した複数の新元号案を、国民代表の衆参両院正副議長と有識者数名に諮り、異義なく賛同を得てから臨時閣議を開き、そこで新元号を「平成」と決定し、今上陛下に奏上して「政令」公布の手続きを行うと同時に、小渕官房長官が首相官邸から新元号を公表しています。

それ以降、諒闇あけの平成2年（1990）1月より準備を進めて、その11月12日「即位の礼」、また同22日夜から翌未明にかけて「大嘗祭」が、共に皇居で実施されました。

ただ、国の内外に新天皇が即位を披露し決意を表明される「即位の礼」は、「国の儀式」として宮殿の正殿「松の間」を中心に行われましたが、神道儀式により天皇が神撰を供進し共食される「大嘗祭」は、東御苑に設けた大嘗宮で「皇室の行事」として営まれました。

さらに、従来の「大饗」は、「饗宴の儀」として、即位礼の12日夜から15日まで4日間に7回、宮殿の豊明殿で催されています。

六 「皇室会議」の構成員と役割

皇族と国民の代表による「皇室会議」

最後に、第五章「皇室会議」（全十条）では、主なことを次のように定めています。

第二十八条 ①皇室会議は、議員十人でこれを組織する。
②議員は、皇族二人、衆議院及び参議院の議長及び副議長、内閣総理大臣、

宮内庁の長並びに最高裁判所の長たる裁判官及びその他の裁判官一人を以て、これに充てる。（③省略）

第二十九条　内閣総理大臣たる議員は、皇室会議の議長となる。

第三十二条　皇族及び最高裁判所の長たる裁判官以外の裁判官たる議員及び予備議員の任期は、四年とする。

この皇室会議は、旧典範の「皇族会議」と性格が全く異ります。前述のとおり、明治以来の皇族会議は、「成年以上の皇族男子を以て組織」され、他に「内大臣・枢密院議長・宮内大臣・司法大臣・大審院長」は、参列して議案の説明や意見を述べられますが、表決に加われません。

それに対して戦後の皇室会議は、皇族の代表2名と国民の代表にあたる三権（立法府・行政府・司法府）から8名、合計10名の議員で構成されています。とくに「国権の最高機関」と称される国会に重点を置き、衆議院・参議院の正副議長あわせて4名もいます。その正議長は与党出身、副議長は野党出身が慣例となっていますから、会議に与野党の意向を反映させる事もできる形になっているといえるかもしれません。

また、旧典範の皇族会議には、天皇が親臨（みずから出席）され、皇族中の一名を議長とする一種の御前会議でありました。それこそ皇室を国家と並ぶ格別な存在とされていた典憲体制のもとでは、当然であり必要であったとみられます。

しかし、皇室典範を日本国憲法下の法律としてからは、このような皇族と国民の代表から構成して、首相が議長を務めて会議する機関とするほかなく、むしろ現在では、これがふさわしい在り方かもしれません。

ただ、皇族の議員について、当時の「想定問答」をみると、「皇室会議で議せられることは、皇位継承資格者・摂政就任資格者としての公的な立場における皇族の身上のことが

皇室会議（常設10名）

皇族から（成年の皇族男女から互選）	2名
立法府から 衆議院の議長と副議長	2名
立法府から 参議院の議長と副議長	2名
行政府から内閣の首相と宮内庁長官（首相が議長）	2名
司法府から最高裁の長官と裁判官	2名

多い」し、また「その審議の内容は私的生活ともいうべき事項が基礎となる」のだから、そのような「事情に通じている皇族を加えることが、事案の判定の具体的妥当を得るのに寄与するところがあると考へる」と答えています。そうであるならば、皇族の議員を、もう少しふやして皇室全体の意見を反映しやすくすることができないか、あらためて検討する必要があります。

皇室会議による審議事項と諒承事項

この皇室会議では、その内容によって、①実質的な審議を要する「皇室会議の議により」と明示される事項と、②ほぼ内定ずみのことを諒承すればよい「皇室会議の議を経て」と記載されている事項があります。

① 1皇嗣の皇位継承の順序の変更（第三条）
2親王以下の皇族身分の離脱（第十一・十三・十四等）
3摂政の設置と順序変更と廃止（第十六・十八・二十条）

② 立后と皇族男子の婚姻（第十条）

このうち、㋑は世襲による皇位継承制度を左右しかねない重要な事項です。しかし、新典範制定後七十年間、これを議題とするとしなければならない事態がなかったので、そのために開催されたことは一度もありません。わずかに召集されたのは、㋺の皇太子時代に結婚された今上陛下と現皇太子徳仁殿下、および親王として結婚された常陸宮正仁親王、三笠宮長男の寛仁親王、同三男の憲仁親王、および秋篠宮文仁親王の場合だけです。

しかしながら、皇室に関する重要な問題は、㋑㋺に関連することが多々ありますから、このように皇族から互選で決められた議員と国民の代表とみなしうる国会と内閣と裁判所から出されるトップクラスの議員とによつて構成される常設の「皇室会議」で審議することは、最もふさわしいと思われます。それにも拘らず、この会議が十分機能してこなかったのは、第三十七条に「皇室会議は、この法律（典範）及び他の法律に基く権限のみを行う。」と規制されているからでありましょう。

とはいえ、皇室会議には、皇位継承者の順序変更も審議する権限があります（㋑1）。そうであれば、このたび今上陛下によって提起されました「生前退位」（正確には「高齢譲位」）のような課題は、この会議で審議することが最もふさわしいと思われます。あるいは「他の法律」として高齢譲位を可能にする「特別措置法」を作る場合でも、その中に

「皇室会議の議により」（少なくとも「議を経て」）と定めることによって、この会議が今後より重要な機能を果たせるようになるのではないかと思われます。

第五章——

「高齢譲位」の実現方法と残る課題

一　新典範案を審議中の「退位」論議

佐々木惣一博士の「国家の為に」なる退位容認論

本書の第一章では、7月に特報された「〝生前退位〟のご意思」について、また第二章では、8月に放映された「象徴としての務め」に関する「お言葉」について、それぞれ全文を引用しながら、その意味するところを読み解いて参りました。

ここから窺える今上陛下のご意向は、80歳代に入られて進む高齢現象への対処方法として、すみやかに譲位するほかない、というご叡慮であります。

では、これを承った国民、とりわけ国民から選ばれた政府や国会は、どのように受けとめ、どうすればよいのでしょうか。すでに各界から様々な意見が出ており、政府も9月17日「有識者会議」を開き、専門家からのヒアリングを進めています。しかし私は、この問題を解決する一助として、70年前の論議を振り返ることから出直そうと思います。

先に第四章で詳しく記しましたが、現行の皇室典範は、日本国憲法のもとに位置づけられる新しい法律として定められました。しかしながら、その内容は、明治以来の旧皇室典範を基本的に引き継ぐ方針で起草されています。旧の第一〇条にあった終身在位の規定も、大筋そのまま新の第四条に「天皇が崩じたときは、皇嗣が、直ちに即位する」として引き継がれているのです。

このような新典範案の審議は、昭和21年（1946）12月、第九十一帝国議会で集中的に行われました。その際、終身在位制度を存続しようとする政府に対して、生前の退位（譲位）も認めておくべきではないか、という異論を唱えた議員は、衆議院でも貴族院でも少なくありません。

そのうち、最も注目すべきは、貴族院議員の佐々木惣一氏と南原繁氏です。とりわけ、佐々木博士（明治11年鳥取県出身。当時68歳で京都帝国大名誉教授）は、前年11月から内大臣府御用掛を拝命して、帝国憲法の改正草案を作成しておられました。それはGHQに認められませんでしたが、この年の3月から勅選議員として新憲法・新典範の審議に活躍されたのです。

この佐々木議員は、12月16日、総括質問の中で、新典範が終身在位を原則と定めるにしても、「天皇が……国家的見地から、自分は此の地位を去られることが良いとお考へになる……ならば、一定の機関（後に「国会」と明言）も、それが国家のためになるかどうかと云ふことを判断し……（双方）合致した……ならば……退任せられると云ふ……構想は、……公正なる立場で出来る」ことであり、しかも「それに依って、国家の行くべき道、また国民が自己を律すべき道と云ふやうなものが……教へられることになる」と述べておられます。

つまり、新憲法で「象徴」と定められた天皇は、「国家の要求に依って」その地位に在られるのですから、あくまで「国家的な見地から」熟慮されて「其の地位に在られることが、国家の為にならぬとお考へになる」場合は、国会の判断（同意）をえて「退位せらること」を可能にしておくならば、公正な譲位によって「国家の行くべき道」だけでなく「国民が自己を律すべき道」をも教えられることになる、と提唱しておられたのです。

これは真に重要な指摘だと思われます。とくに当時は予想されなかった超高齢化社会を迎えた70年後の今日、陛下は私的な恣意とか他からの強制と全く関係のない、「高齢」という理由により「象徴としての務め」が困難になることを懸念され、まさしく「国家的見地から」自発的に譲位することを決心され、それが可能になる道を開いてほしい、と真剣に訴えておられるのです。

従って、それが実現すれば、「象徴としての務め」を担うことのできる皇太子殿下への皇位継承が可能になり、「国家の行くべき道」を明らかにされることにもなります。

それのみならず、超高齢化社会における高齢のトップリーダーたちが、「自己を律」して次の指導者に地位と権限を譲る、というような在り方を教えられることにもなるのではないかと思われます。

南原繁議員の提示した「譲位」規定必要論

一方、東京帝国大学総長の南原繁議員（明治22年香川県出身、当時58歳）は、佐々木議員に続いて立ち、新典範案に「天皇の御退位ないし御譲位に関する規定が全然欠けて居ること」を遺憾とし、独自の論を三点から述べておられます。

まず一つは、新典範も第三条に「もし皇嗣（皇太子・皇太孫）が心身に重患を生じた場合、皇位の継承順位を変更できる」と規定しているのだから、天皇のみ「不治の重患」であっても「その地位に終生お留め申すと云ふことは……不自然・不合理であり、その御在位間を摂政に依って国事を行はせられると云ふことは……法律の擬制、フィクションに外ならない。」というのです。

もう一つは「天皇が止み難き理由から、もはや天皇としての責任に終生耐へ給はずしてそれからの自由を求め給ふ場合……その途が全然閉されて在ると云ふことは……新憲法により人間天皇として……基本的人権の尊重に欠くる」ことになるというわけです。

いま一つは「御譲位の理由が……天皇御自身の道徳的意思に基づく場合……それが国家公共の為に重大なる関連の中にある時……譲位の途が開いてゐないと云ふことは……国民道徳に重大なる影響を及ぼす」ことになるというのです。

南原議員は、これら三点をあげたうえで、「将来、陛下が左様な（譲位の）御意思を表明せる場合……非常特別の立法措置を講ずる御用意があるか」と政府に問いかけています。

それに対して、皇室典範案審議委員会の金森徳次郎国務大臣は、正面から答えず「国民は……御退位を予想するやうな規定を設けないことに賛成をせらるる……という前提の下に皇室典範の起草を致した」から、「非常特別の立場」は「考へて居りませぬ」というように留まっています。

しかしながら、それから70年後の今日、これが今上陛下ご自身により問題提起された以上、政府も国会も避けて通ることはできません。大きな転機を迎えたことになります。

二　有識者会議で検討中の対処方法

有識者会議の構成メンバーと検討事項

8月8日の「お言葉」放映から少し日数を空けて、1ケ月半後の9月23日、政府は閣議で「天皇の公務の負担軽減等に関する有識者会議」の設置を決め、そのメンバーとして左の6名を発表しました。（敬称略。年齢順）。

今井　敬《たかし》（87）日本経済団体連合会名誉会長（初会合で座長に選任）
山内昌之（69）東京大学名誉教授（国際史学者）
御厨《みくりや》　貴《たかし》（65）東京大学名誉教授（政治学者、副座長に選任）
清家《せいけ》　篤《あつし》（62）慶應義塾々長（労働経済学者）
小幡純子（58）上智大学法学研究科教授（行政法学者）
宮崎　緑（58）千葉商科大学国際教養学部長（国際政治学者）

この会議名で不可解なのは、「天皇の公務の負担軽減等」を表看板としていることです。

それは9月26日の国会における安倍晋三首相の所信表明も同様でして、初めに「先月、天皇陛下が、国民に向けてお言葉を発せられました」と述べながら、続けて「天皇陛下の御公務の存り方について、御年齢や御公務の負担の現状に鑑《かんが》みる時、その御心労に思いを致し、有識者会議において国民的な理解の下に議論を深めていく考えであります。」という に留まっています。

第二章に引いたとおり、陛下の「お言葉」には「公務の負担軽減」をしてほしい、とは一言もありません。むしろその「減少は無理」だから譲位するほかない、と仰っておられるのです。それを正面から受けとめるならば「譲位の在り方」をこそ議題に掲げることが当然でありましょう。

ところが、政府としては、現行憲法で「国政に関する権能を有しない」と規制されている天皇陛下の「お言葉」を承って、政府が直ちに動いたと受けとられないようにする必要があり、あえて直接的な関係を避けて、このような表現にせざるを得なかった(「等」の中に「譲位」も含めた)のだと推測されます。

ついで、翌10月17日に開かれた初回の有識者会議の記録(首相官邸ホームページに公開)をみますと、配布された資料は、1会議の開催(九月の閣議決定)、2会議の運営、3皇室制度の関係資料(皇室典範、皇室経済制度、天皇関係の主な国会答弁など)および4「意見聴取実施要領」などです。このうち、4の「聴取項目」(検討事項)の内容は、次のようになっています。

① 日本国憲法における天皇の役割をどう考えるか。

② ①を踏まえ、天皇の国事行為や公的行為などの御公務はどうあるべきと考えるか。

③ 天皇が御高齢となられた場合、御負担を軽くする方法として何が考えられるか。

④ 天皇が御高齢となられた場合、御負担を軽くする方法として、憲法第五条に基づき、摂政を設置することについてどう考えるか。

⑤ 天皇が御高齢となられた場合、御負担を軽くする方法として、憲法第四条第2項に基づき、国事行為を委任することについてどう考えるか。

⑥ 天皇が御高齢となられた場合、天皇が退位することについてどう考えるか。

⑦ 天皇が退位できるようにする場合、今後のどの天皇にも適用できる制度とすべきか。

⑧ 天皇が退位した場合において、その御身位や御活動はどうあるべきと考えるか。

これによりますと、①～⑤は現行法のもとで行われる天皇の役割と公務および負担軽減の仕方を問い、⑥⑦⑧で「退位」について尋ねるという形をとっています。一見、前者に重心をかけているようですけれども、重点が後者にあることは明らかです。

事実、初会合直後の記者会見で「生前退位」について質問があり、今井座長は「まったく予断なく議論する」というに留まりましたが、御厨副座長は「ある期間でまとめて……一番いい方法をとりたい」と答えています。

そこで、この有識者会議メンバーが「高齢譲位」を示唆された「お言葉」について、どんな考えをもっておられるか調べてみますと、御厨・山内両氏しか発言が見あたりません。そのうち、御厨副座長は、10月20日、共同通信のインタビューに応じて「早期の法整備が必要との考えを示し……陛下一代に限る特別法の制定は〝(選択肢として)あると思う〟と明言した」と伝えられています。

一方、山内教授は、産経新聞10月21日朝刊の「正論」欄で「私は(有識者会議の)構成員として、高齢になられた陛下の諸事情を鑑みるとき、負担軽減や象徴天皇のあり方について、慎重さを旨としながらもスピード感をもって議論を進める大切さを改めて痛感している」と記されています。

とりわけ注目すべきは、「お言葉」の冒頭に「2年後には平成30年を迎えます」とある点をふまえて、山内氏が「平成30年(2018)は〝明治150年〟に当たる」から「それは日本史において近現代を未来につなぐ画期となる年になるかもしれない」と指摘されていることです。

これは「時間的暗合」の個人的な読み解きなのか、それとも有識者の間で「スピード感をもって議論を進める」にあたっての期限予測を暗示するものなのか、まだはっきりしませんが、ともあれ、法整備を急ぐ必要があります。

有識者会議で公述した16名の主張

このような状況のもとで、10月27日夕方、有識者会議の第二回会合が開かれました。そして、いわゆる専門家の意見を聴取するため、11月（7日・14日・30日）に左記の人々からヒアリングが行われています。（大まかな専門別に五十音順で列挙。敬称略）

憲法学者　1大石　眞／2高橋和之／3百地　章／4八木秀次
歴史学者　5今谷　明／6大原康男／7笠原英彦／8所　功／9古川隆久
言論活動家　10岩井克己／11櫻井よしこ／12平川祐弘／13保阪正康／14渡部昇一
行政司法家　15石原信雄／16園部逸夫

これらのうち、過半数はすでに7月・8月ころから「生前退位」について所感・意見を公表していますが、ヒアリングでも各々に持論を主張しています。その公述内容と提出資料は、首相官邸のホームページに公表されています。それに基づいて「高齢譲位」への賛否と対応の方法に関する結論および主張の要点をまとめた産経新聞・12月1日朝刊の記事（担当・広池慶一記者）を、そのまま次のページに転載しておきます。

櫻井よし子氏の反対論と園部逸夫氏の賛成論

このうち、ヒアリングにおける論旨が、同一人の従来の見解と異なるケースも見られますので、そんな代表例を二つ紹介しておきます。

その一人は櫻井よし子氏（71、国家基本問題研究所理事長）です。同氏は朝日新聞9月11日朝刊掲載のインタビューで、「陛下の思いを尊重しつつ、どのように日本国の伝統を守るか。双方を両立させる工夫としては、特措法も一つの選択肢だ」と述べています。

しかし、11月14日の第二回ヒアリングになると、「ご譲位ではなく、摂政を置かれるべきだ」「終身天皇がいらっしゃることが肝要」と述べ（官廷公開レジュメ）、記者の取材にも「譲位には賛成いたしかねる」「天皇はいて下さるだけで有り難い存在だ」（同上紙翌朝

ヒアリング対象者の見解

	譲位	特措法	主　張
平川祐弘 京都産業大名誉教授	×	×	(譲位容認は)世襲制の天皇に能力主義を持ち込むことだ。超法規に近い「今の陛下に限り」という措置が悪しき前例となる
古川隆久 日大教授	△	×	退位は避けるべきだが、国民が認めるなら否定する理由はない。その場合、皇室典範を改正し、恒久制度化すべきだ
保阪正康 ノンフィクション作家	○	△	何らかの条件で生前退位が容認されるべきだ。特措法にする場合、皇室典範改正を前提とした法律でなければならない
大原康男 國學院大名誉教授	×	×	生前退位の制度を導入するのではなく、皇室典範を改正し、高齢を理由とする場合も摂政を置けるようにすべきだ
所　功 京都産業大名誉教授	○	○	陛下による「高齢譲位」のご提起を真摯に受け止める。ご意向に沿った法整備のため、特措法を迅速に制定すべきだ
渡部昇一 上智大名誉教授	×	×	皇室典範を変えてはいけないし、臨時措置法というインチキなものを作ってはいけない。しかるべき人が(陛下を)説得すべきだ
岩井克己 ジャーナリスト	○	×	終身在位は残酷な制度だ。譲位は認められてしかるべきだ。一代限りの特別立法は皇室典範の権威、規範性を損なわせる
笠原英彦 慶大教授	×	×	退位にはにわかに賛成できない。天皇の地位の安定性を損なう。皇室典範改正と特例法、いずれの方法もとるべきではない
櫻井よしこ ジャーナリスト	×	×	譲位には賛成しかねる。摂政を置くべきだ。皇室典範（の摂政設置案件）に「ご高齢」を加えることで可能になる
石原信雄 元官房副長官	○	○	高齢の場合、退位を認めるべきだ。早く結論を得るためにも、当面の措置として皇室典範の特例とすることが適当だ
今谷明 帝京大特任教授	×	×	自由意志による退位容認は皇室制度の在立を危うくする。皇室典範改正や特別措置法には政府としての提案理由がない
八木秀次 麗澤大教授	×	×	終身制を原則とした上で、例外的に上位を認める。このための根拠規定を皇室典範に置き、特別措置法を制定する
百地章 国士舘大大学院客員教授	○	○	(譲位容認は)世襲制の天皇に能力主義を持ち込むことだ。超法規に近い「今の陛下に限り」という措置が悪しき前例となる
大石真 京大大学院教授	○	×	退位を認めるべきだ。高齢を理由とする執務不能は今後。十分に起こりうるので、そのつど特例を設けるのは妥当でない
高橋和之 東大名誉教授	○	○	憲法は退位制度創設を禁止はしていない。しかし、天皇自体の進退意向表明が必要だ。特例法、特例規定に憲法上問題はない
園部逸夫 元最高裁判事	○	○	高齢の場合に譲位が可能になる仕組みは望ましい。特別措置法で可能にし、(恒久的な)制度化は、引き続き議論してはどうか

産経新聞・12月1日朝刊　※敬称略　○は容認、×は反対、△はその他

掲載）と反対論を唱えておられます。

もう一人は園部逸夫氏（87、最高裁判所元判事）です。同氏は平成14年（2002）初版の『皇室法概論』（第一法規出版）でも同19年刊の『皇室制度を考える』（中央公論新社）でも「譲位の導入には消極的な立場」をとっています。

しかし、11月30日の第三回ヒアリングにおいて、「譲位を可能にすべきだと考える」「摂政設置は、天皇に象徴のお務めを禁ずることになり、不適切だ」「現時点では、特別措置法で今の陛下の譲位を可能にすることに意義がある」（読売新聞12月1日朝刊掲載の発言要旨）と述べておられます。また前掲『皇室法概論』の復刻版（12月10日刊）に「あとがき」を加え、陛下の「お言葉」を真摯に受けとめて、「譲位制度の導入」は、現行憲法の定める天皇の「象徴制」にも「世襲制」にも「問題はない」と賛成論を記されています。

なお、第二回ヒアリングに招かれた今谷明氏（74、帝京大学特任教授）は、「退位を認めるべきではない」といいながら「国論が…一致してから初めて退位を可能とするべきだ」と朝日新聞の取材で語っておられます（11月15日朝刊掲載）。

しかも、『文藝春秋SPECIAL　今こそ考える皇室と日本人の運命』（2017年冬号）所載の「専門家ヒアリングで語りきれなかったこと」では、九世紀後半に

「生まれた摂関政治」以来「天皇は何もしなくても、摂政は滞りなく動くようにな」ったのだから、「今〝おことば〟を通じて、権威が権力に接近しつつある」のは「ぜひ再考をお願いしたい」と書かれています。

それのみならず、本書最終校正日にみた産経新聞のインタビュー（12月7日朝刊掲載）では、「一番いいのは何もしないことだ……法令も改正しないし、摂政も置かない。このままでいく」べきだから、「内閣が天皇陛下」を「おいさめ申すべきだ」とまで言っています。これでは「お言葉」が無視され、むしろ誤解されているといわざるを得ません。

三　当面の特措法から典範改正まで

高尾亮一氏の「単行特別立法」対処等

このようにヒアリングメンバーの意見は、さまざまですが、陛下の御意思を体して、「高齢譲位」を実現する法整備として、最も早く進められそうなのが、特別措置法を作る案です。しかも、それは宮内庁の高尾亮一氏が、すでに昭和37年（１９６２）内閣の憲法調査会に提出した報告書「皇室典範の制定過程」で、次のごとく指摘されています。

もし予測すべからざる事由（理由）によって、退位が必要とされる事態を生じたならば、むしろ個々の場合に応ずる単行特別法を制定して、それに対処すればよい。

これは極めて重要な指摘だと思われます。高尾氏は70年前、新しい皇室典範案を起草した臨時法制調査会に宮内省から事務方（幹事）として入り、その審議に先立って「想定問答」の作成にも関わった当事者ですが、それから15年後、天皇の終身在位を原則としながら、まるで当然の常識として、このように論述されています。

すなわち、もし「予測すべからざる事由」、たとえば現代のような超高齢化社会の到来に直面して、「退位が必要とされる事態を生じたならば」、すでに今上陛下が日本人の平均寿命を超える83歳で「お務め」の完全遂行を困難と自覚され、みずから「退位が必要」というご意思を表明された現在、それの対処方法としては、「個々の場合」、今回なら超高齢化を理由とする場合、それに応ずるため「単行特別法を制定」すればよい、と明言しておられるわけです。しかも、その続きを読みますと、戦後の皇室典範は「一箇の法律」であり、そのような「一般法のなかに、退位の原因も明定された単なる自由意思による退位条項を規定するならば」、皇嗣（皇位継承の第一順位者）に「不就任（の事由を認める）条項も規定されなければならない」ので、そうすると、将来「天皇の自由意思を無視した濫用も憂慮される」から、新典範要綱の「作成にあたっては〝皇位継承の原因は崩御に限ること〟と規定した」と証言されています。

これを前者と対比してみますと、ケース・バイ・ケースの「特別法」であれば、「退位が必要」とされる原因や理由を明確に判断できますから、それに問題がないことを確認して、直ちに退位（譲位）を可能とする法内容にできます。

しかしながら、「一般法」（皇室典範も含む）のなかに、「退位条項を規定しようとすれば、さまざまなケースを想定して、まず退位の原因と理由の要件を明文化するかどうか、またそれをどこでどのように審査して判定するか、さらにそれに関連して皇位の継承（即位）や重祚（再任）の自由まで容認するか排除するか、などを具体的に検討したうえで規定しなければなりません。そうであれば、相当な時間を要しますし、必ずしも完全なものが出来るとは限らないから、将来「濫用も憂慮される」というわけです。

従って、このたびの有識者会議で、いろいろな専門家からヒアリングを行い、内々に関係者から「お務め」の実情などを確かめた上で、年明け早々までに結論を纏めようとすれば、おそらく特別措置法（特措法）によって今回（当面一代限りの）「高齢譲位」を可能にする方向性を、政府に答申するほかないのではないかと思われます。

皇室典範の第四条と第八条の改正が本筋

この点、私も現実的な対応策としては、いわゆる特措法でもやむをえないと考えています。その論旨は、11月7日（月）首相官邸で開かれた第三回有識者会議の第一回ヒアリングに招かれた際も、簡潔に公述したとおりです（その議事録に若干加筆した全文を、私のホームページ「かんせいＰＬＡＺＡ」［tokoroisao.jp］に掲載しています）。

しかしながら、今上陛下による問題提起の重要性に鑑みて、これの抜本的な解決法を見出すために、政府も国会も精力を集中して取り組めば、より本質的な対応策も実現できるのではないか、何とかそうあってほしいと念じております。

その結論は、極めて単純明快なことです。第三章に詳しく述べたとおり、現行の憲法は、天皇の地位と役割などを規定していますが、皇位継承の順調な永続を可能にしようとするような「譲位」を否定しているわけではありません。

しかし、第四章で記したごとく、皇位継承の具体的な在り方は、下位法の皇室典範に委ねられており、その第四条に終身在位が規定されているのですから、それを改定することが本筋でありましょう。

では、どう改定したらよいのでしょうか。管見によれば、明治典範以来の終身在位規定を一方の原則として残し、もう一方の原則として「生前退位」を補足することです。ただ、一般法である「皇室典範」に退位（譲位）規定を設けるとなれば、退位（譲位）を求められる原因・理由と妥当性を総合的に検討し決定できること、この二つの要件を満たす必要があります。そのために、次のような改正案を考えています。

第四条　天皇①が崩じたとき、又は皇室会議②の議に依《よ》り退いたときは、皇嗣が、直ちに即位する。

つまり、天皇が崩御まで在位される従来の原則①はそのままにしておき、もう一つの在り方として②在位中の退位（譲位）も可能にするのですが、それには必ず「皇室会議」に諮問して審議した結論に従う、という厳正な手続きを明文化しておくわけです。こうすれば、今回のような「高齢譲位」なら原因も理由も明白でありますが、それ以外の場合などは、皇室会議の介在によって、不安や不信を払拭できると思われます。

念のため、この前の第三条に、「皇位継承の順序を変える」必要が生じた場合、「皇室会議の議により」変更できると定められています。ですから、天皇の退位（譲位）も継承の順序を早めることになると解すれば、「皇室会議の議により」とすることが一番ふさわしいのではないかと考えられます。

皇室典範の付則を追加するのも一案

このように、皇室典範の本文を改正するとなれば、他の条文との関連を子細に検討しなければならず、それには時間を要するかもしれません。もしそうであれば、本文の原則は当面変更しないことにして、末尾の付則に一種の例外を追加するということもできないわけではないと思われます。

その場合の追加文案は、たとえば次のように考えられます。

（付則⑨）天皇が、皇室会議の議により退いたときは、皇嗣が直ちに即位する。その場合、皇位継承の順序が一位の皇族を、皇嗣とし、皇太子と称する。

このように典範本文は、第四条も第八条も元のままとしておきながら、それと少し異る部分的な例外を、付則に追加する案ですが、このようなことはできるのでしょうか。それは法理として可能だといわれており、すでに先例があります。

たとえば、一法律の現行典範より遥かに高く位置づけられていた明治以来の皇室典範でも、それに類することが行われています。それは第四章でも少し触れましたが、永世皇族制度により宮家皇族の数が多くなりすぎたこともあって、次のような二つの措置がとられています。

その一つは、典範の「増補」という形で、本文の原文を部分的に修正したことが2回あ

皇室典範の改正試案

第4条　**天皇が崩じたとき**は、皇嗣が、直ちに即位する

➡　天皇が崩じたとき、**又は皇室会議の議に依り退いたときは、皇嗣が、直ちに即位する。**

第8条　**皇嗣たる皇子を皇太子という。**皇太子のないときは、皇嗣たる皇孫を皇太孫という。

➡　**皇位従承の順序が一位の皇族を、皇嗣とし、皇太子と称する。**

※典範の本文を変更しないで、上記の改正部分（太字）を典範の付則に（本文の　例外として）増補するのも一案。
※上の両条に続いて、第9条（皇族養子の禁止）も第12条（皇族女子の一般降下）も改正の検討を要する。

ります。１回目は明治40年（１９０７）２月、「王」として生まれた皇族男子が「勅旨又は（本人の）情願に依り、家名を賜ひ華族に列」するとか、勅旨に依り「華族の家督相続人」や「華族の養子」となれる道が開かれました。２回目は大正７年（１９１８）11月、「皇族女子」で「王族又は公族に嫁する」ことができるようにしています。

もう一つは、典範と趣旨の異ることを別に「準則」で定めるという形もとっています。それは大正９年に勅定された、詳細な「皇族の降下に関する施行準則」です。これによって、典範本文の永世皇族制度は原則的に否定され、宮家皇族の多くは、長系長子以外から段々と、やがて長系長子も臣籍降下しなければならないことになっています。

従って、今回も現行典範の第四条（および第八条）をそのままにしておき、部分的な例外規定を付則に追加するか、別に詳細な準則を作ることも可能だと思われます。

とはいえ、至高の天皇が退位（譲位）されるという格別な重大事を、付則や準備で例外的に容認するような対応方法は、決して適切なものと言えません。それが時間の制約で、当面「特措法」により道を開くほかないとしましても、早晩（引き続き）「皇室典範」の段階的改正に向けて進むことが望ましいと思われます。

四　譲位の実現に向けての検討事項

特措法に関連して何を考慮すべきか

この原稿を仕上げて校正の締切に近い12月初め現在でも、先の進み方は判りませんが、有識者会議では、年内中に議論の集約と調整をはかり、年明け早々政府に報告書を提出するものと見込まれています。

一説によれば、その上で、政府が法案を作成する際、衆参両院の正副議長に意見を求めて大まかな合意がえられたら、通常国会に提出して、すみやかに成立するよう進められる可能性もあるといわれております。

そこで、これ以下は、あくまで仮定にすぎませんが、もし特別措置法によって今上陛下の「高齢譲位」が法的に可能となる場合、その実行に向けてどのようなことを検討し準備すべきかを、私なりに考えてみたいと思います。

まず制度的な事項としては、譲位される天皇の「称号」と「敬称」と身分（待遇）に関することですが、それは先例に照らせば、異論なく決められると見られます。

すなわち、称号については、今から千三百年余り前の「大宝（儀制）令」に「太上天皇

〔譲位の帝の称する所〕」と定められており、その略称が「上皇」です。従って、丁寧に申せば「太上天皇」、略して申せば「上皇」と称されることになると思われます。

ちなみに、その先縦は、古代中国の『史記』と『漢書』にみえ、秦の始皇帝が父荘襄《そうじょう》王《おう》の崩御後に「太上皇」と追尊し、また、漢の高宗が父君を太公から「太上皇」と尊称したことに由来します。顔師古の注に「太上は極尊の称なり。天子の父ゆえに、号して皇といへども、治国に預からざるゆゑに帝と言はざるなり」と説明されています。

わが国では、皇極女帝が弟の孝徳天皇に譲位された時（６４５年）は、まだこの尊称がなく「皇祖母の尊《みこと》」といわれていました。しかし、やがて持統女帝が在位11年目（６９７年）孫の軽皇子（文武天皇）に譲位された時から「太上天皇と号」されるようになり、（『扶桑略記』）それから間もなく「大宝令」に「太上天皇」の規定が設けられました。

また、天皇の敬称は「大宝（儀制）令」に「陛下」を定められ、太上天皇も「陛下」と称されたことは、たとえば『東大寺献物帳』にも「太上天皇……先帝陛下（聖武上皇）、徳は乾坤を合せ、明は日月に並ぶ……」とみえます。

その太上天皇（上皇）を否定した明治の典範では、第一七条に「天皇、太皇太后・皇太后・皇后の敬称は陛下とす」（戦後の典範では第二三条に「天皇、皇后・太皇太后、皇太后の敬称は、陛下とする」）と定めていますから、今後の上皇も「陛下」と敬称されるにちがいありません。

ただ、今後の儀式などにおける位置は、おそらく夫妻を一対として、天皇・皇后の次に上皇・皇太后、その後に皇太子・同妃……という並び順になるものと思われます。

このように称号・敬称の規定される上皇は、天皇の地位を退かれ、それに従って皇后が皇太后になられますが、おふたりとも、他の宮家皇族とは別格の「内廷皇族」の身分（待遇）を保持されるものとみられます。

戦後、新皇室典範とともに制定公布された『皇室経済法』をみますと、第三条で「皇室の費用」（皇室費）は「内廷費」と「皇族費」と「宮廷費」に分けられ、第四条で「内廷費」について次のごとく定められています。

内廷費は、天皇並びに皇后・太皇太后・皇太后、皇太子・皇太子妃、皇太孫・皇太孫妃、及び内廷にあるその他の皇族の、日常の費用その他内廷諸費に充てるものとし、別に法律で定める定額を、毎年支出するものとする（②以下省略）。

「皇室経済法」（抜粋）

昭和22年1月16日公布

第三条　予算に計上する皇室の費用は、これを内廷費、宮廷費及び皇族費とする。

【内廷費】

第四条　内廷費は、天皇並びに皇后、太皇太后、皇太后、皇太子、皇太子妃、皇太孫、皇太孫妃及び内廷にあるその他の皇族の日常の費用その他内廷諸費に充てるものとし、別に法律で定める定額を、毎年支出するものとする。

② 内廷費として支出されたものは、御手元金となるものとし、宮内庁の経理に属する公金としない。（③④省略）

【宮廷費】

第五条　宮廷費は、内廷諸費以外の宮廷諸費に充てるものとし、宮内庁で、これを経理する。

【皇族費】

第六条　皇族費は、皇族としての品位保持の資に充てるために、年額により毎年支出するもの及び皇族が初めて独立の生計を営む際に一時金額により支出するもの並びに皇族であつた者としての品位保持の資に充てるために、皇族が皇室典範の定めるところによりその身分を離れる際に一時金額により支出するものとする。その年額又は一時金額は、別に法律で定める定額に基いて、これを算出する。

② 前項の場合において、皇族が初めて独立の生計を営むことの認定は、皇室経済会議の議を経ることを要する。

③ 年額による皇族費は、左の各号並びに第四項及び第五項の規定により算出する額とし、第四条第一項に規定する皇族以外の各皇族に対し、毎年これを支出するものとする。

一　独立の生計を営む親王に対しては定額相当額の金額とする。

二　前号の親王の妃に対しては、定額の二分の一に相当する額の金額とする。但し、その夫を失つて独立の生計を営む親王妃に対しては、定額相当額の金額とする。この場合において、独立の生計を営むことの認定は、皇室経済会議の議を経ることを要する。

三　独立の生計を営む内親王に対しては、定額の二分の一に相当する額の金額とする。

四　独立の生計を営まない親王、その妃及び内親王に対しては、定額の十分の一に相当する額の金額とする。ただし成年に達した者に対しては、定額の十分の三に相当する額の金額とする。

五　王、王妃及び女王に対しては、それぞれ前各号の親王、親王妃及び内親王に準じて算出した額の十分の七に相当する額の金額とする。

④　摂政たる皇族に対しては、その在任中は、定額の三倍に相当する額の金額とする。

⑤　同一人が二以上の身分を有するときは、その年額中の多額のものによる。

⑥　皇族が初めて独立の生計を営む際に支出する一時金額による皇族費は、独立の生計を営む皇族について算出する年額の二倍に相当する額の金額とする。

⑦　皇族がその身分を離れる際に支出する一時金額による皇族費は、左の各号に掲げる額を超えない範囲内において、皇室経済会議の議を経て定める金額とする。

一　皇室典範第十一条、第十二条及び第十四条の規定により皇族の身分を離れる者については、独立の生計を営む皇族について算出する年額の十倍に相当する額

二　皇室典範第十三条の規定により皇族の身分を離れる者については、第三項及び第五項の規定により算出する年額の十倍に相当する額。この場合において、成年に達した皇族は、独立の生計を営む皇族とみなす。

⑧　第四条第二項の規定は、皇族費として支出されたものに、これを準用する。

⑨　第四条第三項及び第四項の規定は、第一項の定額に、これを準用する。

平成28(2016)年度の皇室費と宮内庁費

皇室費
約61億円

皇室財産は全て国に帰属。
皇室の費用は予算に計上し、
国会の議決を経る

宮内庁費
約109億4千万円

宮内庁（長官官房・侍従職・東宮職・式部職・書陵部・管理部・正倉院と京都の事務所・御陵牧場）の諸経費

宮廷費
約55億5千万円

公的な儀式、国賓の待遇、施設の整備などに必要な経費

内廷費
3億2400万円

天皇と内定皇族の日常費用および宮中祭祀の経費（人件費も）など

皇室費
約2億3千万円

皇族としての品位保持の質に充てる。各宮家の皇族に年額で支出

これによれば、内廷費というのは、いわば本家の費用であり、それに対して皇族費というのは、いわば分家にあたる宮家の皇族の費用です。その内廷（本家）の構成員は、現在、今上陛下と皇后陛下および皇太子殿下と同妃殿下と敬宮《としのみや》愛子内親王殿下の五方でありますが、両陛下の譲位により、皇后が皇太后になられても内廷皇族ですから、上皇は当然内廷（本家）の長老として相応の待遇を受けられるにちがいありません。

〈皇室費〉

内廷費…　内廷（現在、天皇・皇后と皇太子ご家族）と皇室祭祀などの経費
皇族費…　独立宮家（現在、秋篠宮・常陸宮・三笠宮・高円宮家）の必要経費
宮廷費…　宮廷での公的儀式費用、国内・海外への行幸啓費用など
　　　　　皇居（国有財産）等の管理・整備費用など

上皇・皇太后および皇嗣の御所は何処《どこ》に

そこで、より具体的に検討し準備しなければならないのが、上皇・皇太后の御所、および御世話をする職員の問題です。これも江戸時代までは、譲位が一般的でしたから、そのための建物があり職員もいました。

上皇の御所は、上皇を仙人になぞらえて「仙洞《せんとう》」と称し「仙洞御所」とか「仙院」と呼ばれました。（皇太后のみの御所は「大宮《おおみや》御所」と称します）

その在り方は、時代によって異なりますが、江戸時代には後水尾上皇から光格上皇まで、天皇の御所（内裏）に近い所（ほとんど東南）に造営されています。そこには、平安後期から若くして譲位された上皇が院政を執られる場合には、院庁が置かれて多くの実務官人を擁していました。

しかしながら、今後「高齢譲位」される方が院政を敷かれることはありえません（もちろん再度の皇位継承も摂政の就任も原則としてありえません）。従って、その職員は、かつて「皇太后宮職」が置かれたように「上皇宮職」（仮称）が設けられ、おそらく皇太子殿下の「東宮職」に近い職員が配置されるのではないかと思われます。

それでは、これから譲位される両陛下の御所はどこに用意されるのでしょうか。これが特措法成立直後から宮内庁の取り組む大きな課題になるとみられますが、今でも噂されている案がいくつかあります。まだ確証は得られませんが、参考までに主な例をあげておきます。

その一つは、皇居内の吹上御苑に現存する両陛下の御所（平成5年完成、延床面積

５７７０㎡）から１５０ｍほど離れたところにある「吹上御所」（昭和36年完成、床面積４０８８㎡）です。

ここは昭和天皇の崩御後に「吹上大宮御所」と称されまして、平成12年（２００１）６月14日に香淳皇太后（96歳）が崩御されるまで過ごされてから16年、いわば空き家になっています。従って、鉄筋二階建てとはいえ、かなり改修（ほとんど改築）を要するとみられ、それには相当な費用と時間がかかるとみられます。

もう一つは、赤坂御用地にある東宮御所（建物面積５２２６㎡）です。ここには今の両陛下が結婚の翌年（昭和35年）から住まわれ、平成５年からは皇太子殿下御夫妻（同13年から愛子内親王も含めて三殿下）が住んでおられます。

しかし、平成20年から２年かけて大改修されましたので、現皇太子＝新天皇親子が皇居の御所へ移られるのに伴い、両陛下がこちらへ戻られ上皇御所とされましても、遜色ないとみられます。この案であれば、何より費用も時間も僅かですみそうです。しかし、そうすると、別の問題が生じてきます。

それは、新天皇の皇嗣として弟君の秋篠宮殿下が皇太弟になられる場合（前述のごとく、これには典範第八条の改正か特措法の規定を要しますが）、おそらく秋篠宮と同妃と悠仁《ひさひと》親王の三殿下は、内廷皇族の待遇をうけられることになります。

そうだとすれば、現在の秋篠宮邸（元秩父宮邸）では、現東京御所のように国内外の要人などが訪問して、お茶会などを行うことが難しいとみられます。従って、皇太弟家にふさわしい宮邸を大幅に増築される必要があります。

いま一つは、品川にある「高輪御殿」です。そこは、元来肥後熊本藩主細川氏の下屋敷でしたが、まず明治時代に内親王用の御所が建てられ、ついで大正時代に東宮御所として使われ（邸内に皇太子裕仁親王の御学問所も置かれていた）、さらに昭和時代に高松宮邸として使われてきました。

しかし、昭和62年（1987）に高松宮宣仁親王殿下（81歳）が薨去され、平成16年（2004）同妃喜久子殿下（92歳）も薨去されました。ここもまた継嗣不在のために、高松宮家は絶家となってから、既に12年も経過しており、これまた上皇御所とするのは難しいと思われます。

このように三案とも一長一短ですから、ほかに東京都外まで視野に入れますと、関東圏内に皇室の御用邸が三ヶ所あります。ひとつは神奈川県三浦郡葉山町の「葉山御用邸」、もうひとつは栃木県那須郡那須町の「那須御用邸」、いま一つは静岡県下田市須崎の「須崎御用邸」です。

このうち、葉山御用邸は、明治時代に孝明天皇の皇后だった英照皇太后の避寒地として設けられ、大正天皇がよく逗留されて、ここで崩御されましたから、昭和天皇はここの付属邸で践祚しておられます。本邸は昭和46年（1971）放火のため焼失しましたが、10年後立派に再建されており、今の両陛下も活用しておられます。

また、須崎御用邸は、昭和四十四年に沼津の御用邸が廃止された後、元三井家の別邸を拡充して二年後に新築されました。葉山と共に太平洋を一望できる景勝地にあり、改修すれば上皇御所としてふさわしいかと思われます。ただ、両方とも東京から少し離れており（那須も同様）、また新天皇が御用邸としても使われますし、何より警備などが難しいと思われます。

そうであれば、いっそ千年以上「宮処《みやこ》」であった京都の御苑にある「大宮御所」は、幕末に焼失した仙洞御所の北西部に、英照皇太后のために造営され、現在も天皇・皇后両陛下と皇太子・同妃両殿下の京都御宿泊所となっています。従って、ここも一案として検討されるかもしれませんが、一時的なご滞在は可能でも、常住は難しいかと思われます。

五　次の皇嗣と皇族女子の在り方

皇位継承の順序一位の皇族が「皇嗣」

これまで、天皇陛下の問題提起を真摯に受けとめて、政府が有識者会議で議論を尽くし、その報告書に基いて特別措置法案か皇室典範の改正案を作成し、それが衆参両院でスムーズに可決されるであろうことを予測してきました。

その上で、ご在位満30年となる平成31年（２０１９）正月初めころ「高齢譲位」を実現しようとすれば、それまでに何を検討し準備しておかなければならないか、についても管見を述べて参りました。

しかしながら、それによって今上陛下が譲位され現皇太子殿下が新天皇となられることは可能になりますが、現行典範のままでは、新しい皇嗣が不在になりかねません。

なぜなら、第四章で説明したとおり、天皇には男子の子孫が生まれるものと思い込んで、現行典範の第八条に「皇嗣たる皇子を皇太子という。皇太子のないときは、皇嗣たる皇孫を皇太孫という」とのみ規定されています。そのため、新天皇の皇子（男子）か皇孫（男孫）でなければ「皇嗣」といえないのです。

これを現状に即して申せば、新天皇となられる現皇太子殿下には「皇子」が（もちろん皇孫も）おられませんので、第八条にいう「皇嗣」（次の天皇予定者）不在になってしまいます。しかし、現行典範の第一条・第二条では、皇位継承の資格を「皇統に属する男系の男子」に限り、その順序を長系長子優先で列挙していますから、新天皇になれば、弟君の秋篠宮が第一位、悠仁親王が第二位になることは、誰しもご存じのとおりです。その御二方が「皇嗣」でないことになるのは、典範の矛盾といわざるをえません。

そこで、今後とも皇位継承の資格を「男系の男子」に限定し続けるのであれば、この第八条に②（第二項）を立て「皇太子も皇太孫もないときは、皇嗣たる皇弟を皇太弟という」というような一文を付け加える必要があります。

しかし、ご兄弟は年齢が近いので、30年以上先にどうなるか予測できませんから、皇太弟の長男（新天皇の皇甥）も「皇嗣」に位置づけておく必要もあります。

先に付則による問題の解決を示しましたが、本来であれば、第八条の全文を次のように改正した方がよいだろうと考えられます。

第八条　皇位継承の順序が一位の皇族を、皇嗣とし、皇太子と称する。

こうしておけば、皇弟であれ皇甥であれ、典範第二条に列挙される男子のうちで、皇位継承順序が一位となる皇族が「皇嗣」となり「皇太子」と称されることになります。

念のため、私は現行典範のもとで生まれ育たれました皇族男子は、第二条の順序に従って皇位を継承されるのが当然だと思っております。

ただ、超高齢化が進む今後、兄弟ともに長寿を保たれる可能性が高いと予想されます。そうなりますと、次代も「高齢譲位」を可能にして、おそらく20年間か30年間の在位により交替される場合でも、ノーマルな世代の引き継ぎは難しいかもしれません。

皇室の皇族養子と皇族女子の宮家継承

そうであれば、もう一つ考えられますのは、皇室でも「養子」を可能にしておくことです。もしそれが可能になりますと、たとえば皇甥を新天皇の仮養子にする（名目的に養子縁組みをしても、日常生活は生家で続ける）ことで天皇の「皇子」とみなし「皇太子」に位置づける、というような案も検討されたらどうかと思います。

もちろん、現行典範の第九条で「天皇及び皇族は、養子をすることができない」と規制されていますから、これを改めなければなりません。

この条文は、第四章に説明したとおり、旧皇室典範の第四二条「皇族は養子を為すことを得ず」という規定を引き写し、その上に天皇も「養子をする」ことが（養子になることも養子をとることも）できないとしています。

その背景を考えてみますと、明治の典範では、新しい宮家も世襲して永世皇族となれるようにしましたから、皇族の数が徐々に増大すると見込まれましたので、皇族の間であれ（時には華族からも）養子をとれるようにしたら、増大しすぎて、皇族としての品位を保持すること（そのための歳費が負担できなくなること）を考えて禁止したのです。

一方、戦後の典範に先立って、すでに昭和20年11月7日、ＧＨＱから「皇室財産凍結」の指令、また翌21年5月23日、皇室財産の「特権廃止指令」が出され、当時天皇の弟君の三直宮家《じきみやけ》（秩父宮・高松宮・三笠宮の三家）以外にあった傍系の十一宮家（男女51名）が、苛酷な税を課されて経済的に身分維持が不可能となったのです。

そのために、新皇室典範案を作成する段階では、明治と全く別の経済的な理由で、皇族数を抑える必要あり「養子をすることができない」という規制を続けることにして、その法案を審議中の12月24日、皇族会議で直宮以外の十一宮家全員が皇籍離脱（いわゆる臣籍降下）することを可決しています。

しかし、それから70年間に、皇族の総数が段々と少なくなり、今や56歳の皇太子殿下と51歳の秋篠宮殿下よりも若い皇族男子は、10歳の悠仁親王殿下お一方しかおられません。また、常陸宮殿下には御子様がありませんし、三笠宮家と高円宮家および皇太子殿下のもとには女子しかおられません。

従って、このような現実を直視すれば、第八条を「天皇及び皇族は、皇室会議の儀により、養子をすることができる」というような内容に改正する必要があります。もしそうなれば、まず新天皇の皇甥を仮養子として「皇子」とみなし「皇嗣たる皇子を皇太子とする」ことができるかもしれません。

しかも、このように天皇がご自身に皇子をえられない場合、近親の皇族男子を養子とすることまで考えるのであれば、あわせて皇族女子の在り方についても検討することにより、皇族数の減少をくいとめることも必要かと思われます。

この点も、第四章で少し説明しましたが、現行典範の第十二条に「皇族女子は、天皇及び皇族以外の者と婚姻したときは、皇族の身分を離れる」と規制されています。しかし、これも皇族数（とくに男子）の多くなりつつあった明治の典範第四四条を引き継いだものですが、七十年後の今日、このまま推移しますと、若い皇族が次々減少し、ほとんどいなくなってしまいかねません。

そこで、これを改正するには、第十一条を削除して、皇族は男子も女子も終生にわたり皇族の身分に留まることを原則とします（関連して第五条の「皇族」に「内親王夫」と「女王夫」も加える）。そうなれば、すでに皇族の男子は、一般の女子と結婚する場合、その女子を皇族として迎え、その子孫も皇族として続くのと同様に、皇族の女子も、一般の男子と結婚する場合、その男子を皇族として迎え、その子孫も皇族として続くようにすることです。

ただ、皇族女子が、結婚を機に皇室を出たいとか、皇族数が多くなりすぎる状況などには、第十一条の②「……特別の事由があるときは、皇室会議の議により、皇族の身分を離れる」を適用すればよいと思われます。

これも甚だ失礼ながら、現在の皇室にあてはめて考えますと、未婚の皇族女子が7名おられます。そのうち、皇太子殿下のところは御一方ですから、敬宮愛子内親王殿下（15歳）は、一般男子と結婚されても皇室に留まって頂く。また、秋篠宮家の長女眞子《まこ》内親王（25歳）と佳子《かこ》内親王（20歳）、三笠宮家の長孫彬子《あきこ》女王（35歳）と妹の瑶子《ようこ》女王（33歳）、高円宮家の長女承子《つぐこ》女王（30歳）と妹の絢子《あやこ》女王（26歳）は、どちらか（おそらく長女）

が、一般男子と結婚されても、その宮家を当主として継承されることが望まれます。さらに、宮家を継がれない方は、第十一条②により、皇室を出て民間人となることもできる。ただ、前述の皇族養子が可能になれば、継嗣のない宮家に養子として入り、その宮家を継ぐこともできる。およそこのような道が開けてくることになります。

数年前から「女性宮家の創設」という言葉が、厳密に定義されることなく一人歩きしているのはよくないと思われます。私が早くから考えてきたことは、皇室が永続していくためには、皇位を継承することのできる皇嗣を可能な限り内廷の皇族男子で繋いでいく（万一に備えて皇族女子も可としておく）と共に、その内廷を支える宮家が過度に減少しないよう、皇族女子も当主となって継承していけるようにするための、限定的な女性宮家なのです。

生前退位（譲位）の天皇一覧

No.	（譲位の天皇）		譲位年月日	（受禅の天皇）	
1	35	皇極女帝	大化元（645）6.14	36	孝徳天皇
2	41	持統女帝	持統 11（697）8.1	42	文武天皇
3	43	元明女帝	和銅 8（715）9.2	44	元正女帝
4	44	元正女帝	養老 8（724）2.4	45	聖武天皇
5	45	聖武天皇	天平感宝元（749）7.2	46	孝謙女帝
6	46	孝謙女帝	天平宝字 2（758）8.1	47	淳仁天皇
7	47	淳仁天皇※1	天平宝字 8（764）10.9	48	称徳女帝
8	49	光仁天皇	天応元（781）4.3	50	桓武天皇
9	51	平城天皇	大同 4（809）4.1	52	嵯峨天皇
10	52	嵯峨天皇	弘仁 14（823）4.16	53	淳和天皇
11	53	淳和天皇	天長 10（833）2.28	54	仁明天皇
12	56	清和天皇	貞観 18（876）11.29	57	陽成天皇
13	57	陽成天皇	元慶 8（884）2.4	58	光孝天皇
14	59	宇多天皇	寛平 9（897）7.3	60	醍醐天皇
15	60	醍醐天皇	延長 8（930）9.22	61	朱雀天皇
16	61	朱雀天皇	天慶 9（946）4.20	62	村上天皇
17	63	冷泉天皇	安和 2（969）8.13	64	円融天皇
18	64	円融天皇	永観 2（984）8.27	65	花山天皇
19	65	花山天皇	寛和 2（986）6.23	66	一条天皇
20	66	一条天皇	寛弘 8（1011）6.13	67	三条天皇
21	67	三条天皇	長和 5（1016）正.29	68	後一条天皇
22	68	後一条天皇※2	長元 9（1036）4.17	69	後朱雀天皇
23	69	後朱雀天皇	寛徳 2（1045）正.16	70	後冷泉天皇
24	71	後三条天皇	延久 4（1072）12.8	72	白河天皇
25	72	白河天皇	応徳 3（1086）11.26	73	堀河天皇
26	74	鳥羽天皇	保安 4（1123）正.28	75	崇徳天皇
27	75	崇徳天皇	永治元（1141）12.7	76	近衛天皇
28	77	後白河天皇	保元元（1158）8.11	78	二条天皇
29	78	二条天皇	永万元（1165）6.25	79	六条天皇
30	79	六条天皇	仁安 3（1168）2.19	80	高倉天皇
31	80	高倉天皇	治承 4（1180）2.21	81	安徳天皇※3
32	82	後鳥羽天皇	建久 9（1198）正.11	83	土御門天皇
33	83	土御門天皇	承元 4（1210）11.25	84	順徳天皇
34	84	順徳天皇	承久 3（1221）4.20	85	仲恭天皇
35	85	仲恭天皇※4	承久 3（1221）7.9	86	後堀河天皇

© モラロジー研究所「皇室関係資料文庫」

No.	(譲位の天皇)	譲位年月日	(受禅の天皇)
36	86　後堀河天皇	貞永元（1232）10.4	87　四条天皇
37	88　後嵯峨天皇	寛元 4（1246）正 .29	89　後深草天皇
38	89　後深草天皇	正元元（1259）11.26	90　亀山天皇
39	90　亀山天皇	文永 11（1274）正 .26	91　後宇多天皇
40	91　後宇多天皇	弘安 10（1287）10.21	92　伏見天皇
41	92　伏見天皇	永仁 6（1298）7.22	93　後伏見天皇
42	93　後伏見天皇	正安 3（1301）正 .21	94　後二条天皇
43	95　花園天皇	文保 2（1218）2.26	96　後醍醐天皇
44	北 1　光厳天皇※5	元弘 3（1333）5.25	北 2　光明天皇
45	北 2　光明天皇	貞和 4（1348）10.27	北 3　崇光天皇
46	96　後醍醐天皇	延元 4（1339）8.15	97　後村上天皇
47	北 3　崇光天皇※6	観応 2（1351）11.7	北 4　後光厳天皇
48	北 4　後光厳天皇	応安 4（1371）3.23	北 5　後円融天皇
49	98　長慶天皇	弘和 3（1383）11 頃	99　後亀山天皇
50	北 5　後円融天皇	永徳 2（1382）4.11	100　後小松天皇
51	99　後亀山天皇	元中 9（1392）閏 10.5	100　後小松天皇※7
52	100　後小松天皇	応永 19（1412）8.29	101　称光天皇
53	102　後花園天皇	寛正 5（1464）7.19	103　後土御門天皇
54	106　正親町天皇	天正 14（1586）11.7	107　後陽成天皇
55	107　後陽成天皇	慶長 16（1611）3.27	108　後水尾天皇
56	108　後水尾天皇	寛永 6（1629）11.8	109　明正女帝
57	109　明正女帝	寛永 20（1643）10.3	110　後光明天皇
58	111　後西天皇	寛文 3（1663）正 .26	112　霊元天皇
59	112　霊元天皇	貞享 4（1467）3.21	113　東山天皇
60	113　東山天皇	宝永 6（1709）6.21	114　中御門天皇
61	114　中御門天皇	享保 20（1735）3.21	115　桜町天皇
62	115　桜町天皇	延享 4（1747）5.2	116　桃園天皇
63	117　後桜町女帝	明和 7（1770）11.24	118　後桃園天皇
64	119　光格天皇	文化 14（1817）3.22	120　仁孝天皇

※1　No.7　淳仁天皇　廃位＝淡路廃帝／※4　No.35　仲恭天皇　九条廃帝
※2　No.22　後一条天皇　29 歳で崩御の当日、遺詔により喪を秘して皇太弟敦良親王（28）に譲位の儀を行う。
※3　No.31　安徳天皇　寿永 2 年（1183）7 月 25 日に西遷にて譲位の例に入れない。ただ次の後鳥羽天皇　8 月 20 日践祚
※5　No.44　光厳天皇　元弘 3 年（1333）5.25 廃立、次の光明天皇　3 年後の建武 3（1336）8.15 践祚
※6　No.47　崇光天皇　正平一統（北朝が南朝に帰一）で廃位
※7　No.51　南北朝合一（南朝の後亀山天皇から北朝で在位中の後小松天皇へ神器を譲渡）

近世〜近現代の天皇(上皇)の在世系図

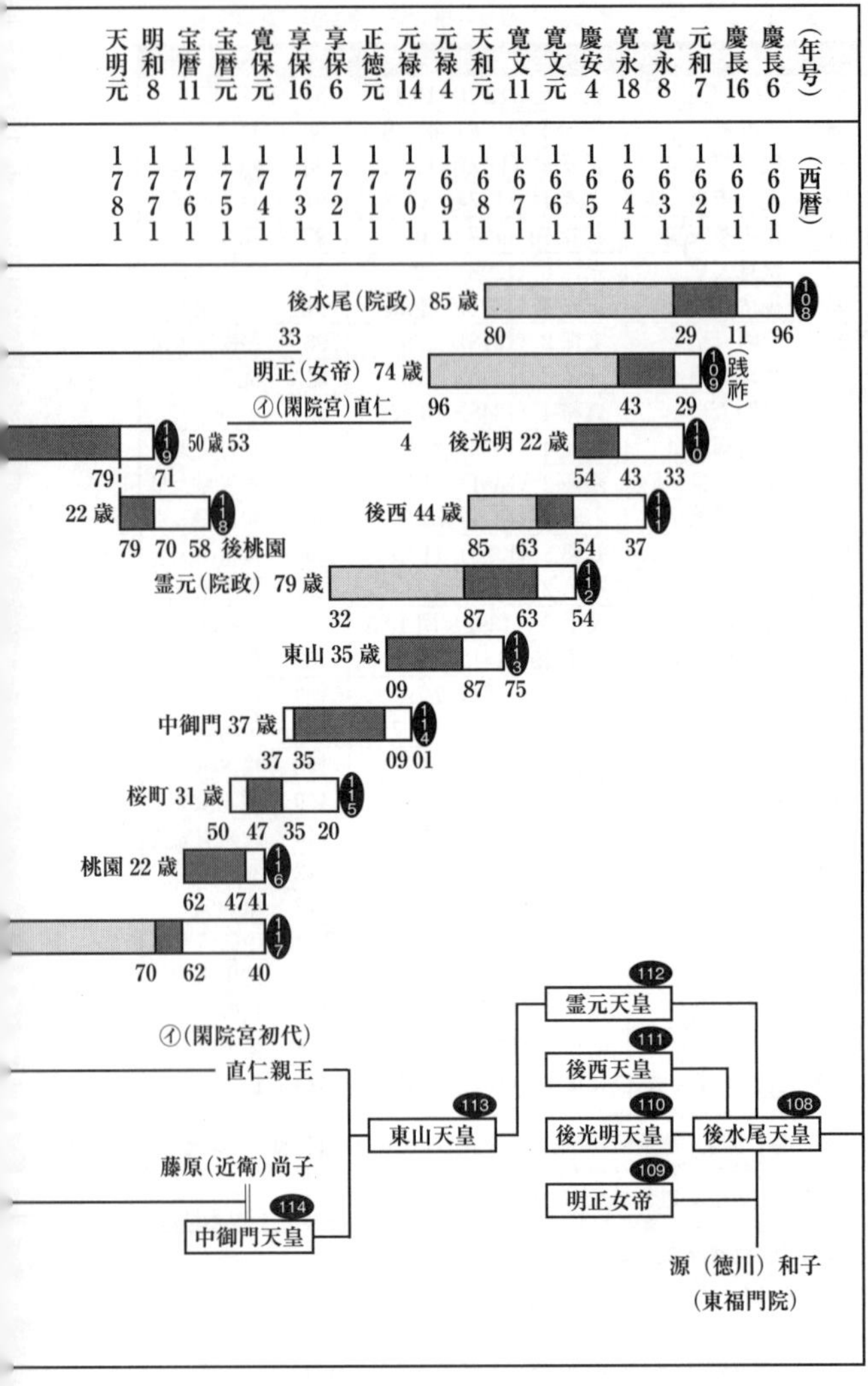

(協力/岩田享)

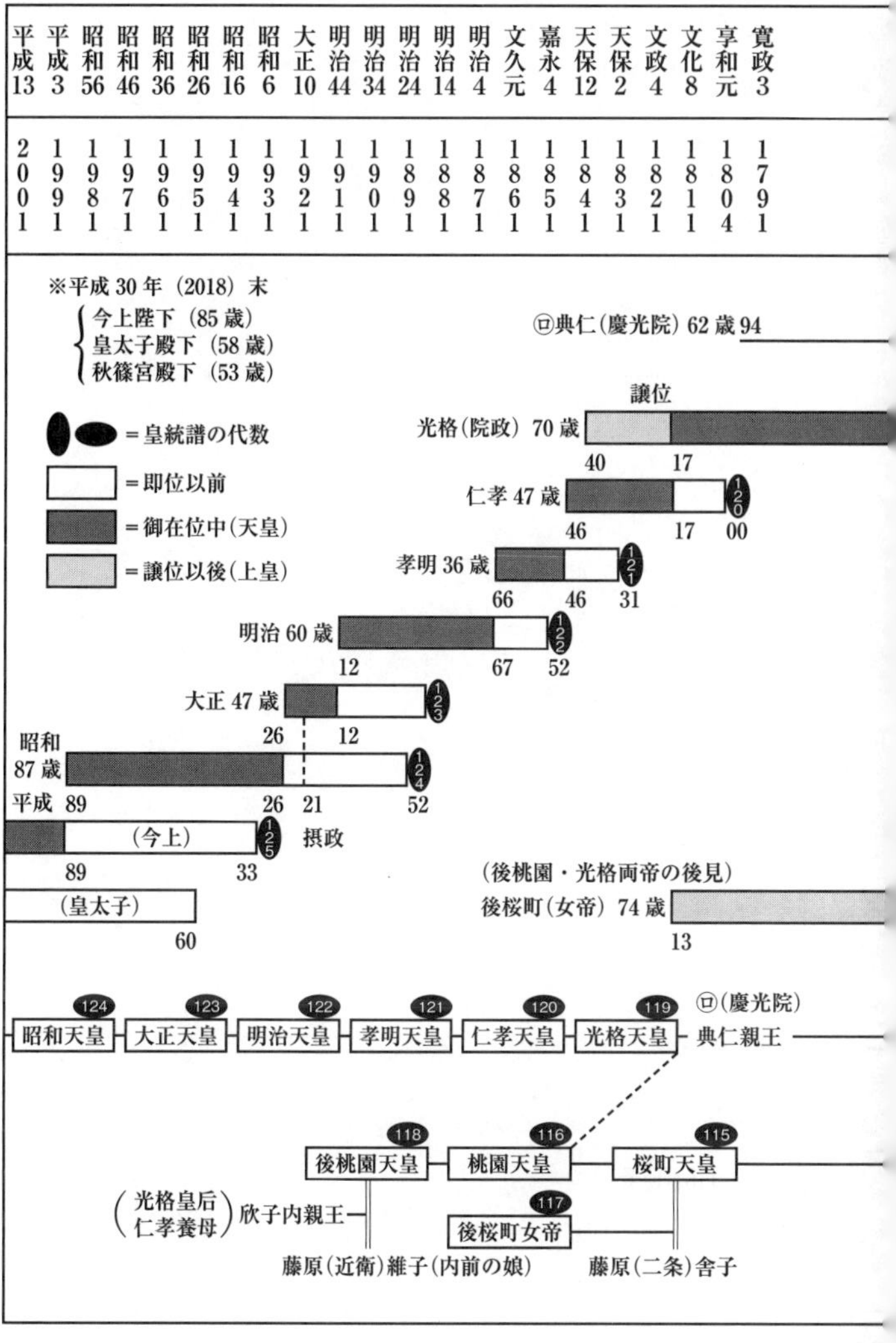
平成13
平成3
昭和56
昭和46
昭和36
昭和26
昭和16
昭和6
大正10
明治44
明治34
明治24
明治14
明治4
文久元
嘉永4
天保12
天保2
文政4
文化8
享和元
寛政3
2001
1991
1981
1971
1961
1951
1941
1931
1921
1911
1901
1891
1881
1871
1861
1851
1841
1831
1821
1811
1804
1791
※平成30年（2018）末
今上陛下（85歳）
皇太子殿下（58歳）
秋篠宮殿下（53歳）
＝皇統譜の代数
＝即位以前
＝御在位中（天皇）
＝譲位以後（上皇）
㋺典仁（慶光院）62歳 94
譲位
光格（院政）70歳
40
17
仁孝 47歳
46
17
00
孝明 36歳
66
46
31
明治 60歳
12
67
52
大正 47歳
26
12
昭和
87歳
平成 89
26
21
52
（今上）
摂政
89
33
（皇太子）
60
（後桃園・光格両帝の後見）
後桜町（女帝）74歳
13
124 昭和天皇
123 大正天皇
122 明治天皇
121 孝明天皇
120 仁孝天皇
119 光格天皇
㋺（慶光院）典仁親王
118 後桃園天皇
116 桃園天皇
115 桜町天皇
117 後桜町女帝
（光格皇后 仁孝養母）欣子内親王
藤原（近衛）維子（内前の娘）
藤原（二条）舎子

エピローグ　次の代始への展望

一　今上陛下の譲位式と新天皇の践祚式

以上、五章にわたり述べてきたことは、まず前半で⑴7月に報道された「生前退位のご意向」は、どのような内容であったか、⑵8月に放映された「天皇陛下のお言葉」は、何を伝えようとされたものか、について読み解きを行いました。

ついで後半において、⑶その背景にある現行の日本国憲法に定められる「象徴世襲天皇」制度は、どのような内容であるか、⑷現行の皇室典範では、皇室制度がどのように規定されているか、を少し詳しく解説しました。

その上で、⑸今上陛下が決心され切望しておられる「高齢譲位」を実現するには、どのような法整備が可能か、などを可能な限り具体的に論じたつもりです。

これから先、もし順調に当面の法整備が行われ、さまざまの準備が進められますならば、おそらく平成31年（2019）1月初めころ（あえて憶測すれば、「平成」が満30年となる1月7日直後あたり）、今上陛下（そのころ85歳）から皇太子殿下（まもなく59歳）への皇位継承が実施されるのではないかとみられます。

では、その際にどのような継承儀式が行われるのでしょうか。これは、明治以降に例がありませんので、政府や宮内庁などの関係者により、新しい形が作り出されるだろうと思います。私は宮廷儀式に関心をもつ研究者の一人として、前近代の皇室における先例や、現代の外国王室における類例も参考にされることにより、これからの日本にふさわしいセレモニーを考案していただきたい、と念じております。

平安以来、剣璽を授受した「譲国の儀」

わが皇室で譲位が始まったのは、前述のとおり飛鳥時代（7世紀中ごろ）ですが、それから奈良時代（ほぼ8世紀）ころ、譲位の際どんな儀式が行われたのか、史料にはっきりした記録が見あたりません。

しかし、平安前期（ほぼ9世紀）には、唐風の宮廷儀式が段々と整えられ、清和天皇朝（在位858〜876）に編纂された『貞観儀式』という宮廷儀式書に「譲国儀」という項目があり、詳しい式次第が記されています。

この「譲国の儀」とは、天下国家を担う天皇が、その皇位を皇太子に譲る際の儀式です。

これを皇太子の立場から申せば、皇位を禅《ゆず》（＝譲）り受ける「受禅の儀」ということになります。その式次第は詳しすぎますので、要点のみを抄出してみます。

まず譲位の三日前、平安京の宮廷から関所の置かれていた三国（伊勢・近江・美濃）に関契などを持った勅使が遣わされ、万一に備えて関係の警備を堅固にする「固関《こげん》」が行われました。

ついで、天皇があらかじめ本宮（内裏）を去って上皇用の「御在所」へ遷られます。その上で当日、天皇が南殿（紫宸殿《ししんでん》）に出御《しゅつぎょ》され、皇太子が春宮坊を出て紫宸殿の殿上の座に就き、親王以下文武官人が南庭に列立します。そして、宣命使《せんみょうし》が「譲位の宣命」を読みあげますと、皇太子は皇位を受け継いだことになります。

そこで、「新帝」は紫宸殿の南階を下りて春宮坊へ歩いて戻るのですが、その際、内侍（女官）が「節剣」を持ち、少納言が「鈴印鑰《やく》等」を持ち、さらに近衛少将が「供御雑器」（大江匡房の『江家次第』によれば「日記御厨子《ずし》二脚」から「時簡一枚」まで十種）を「今上御所」に持参します。

およそこれだけの儀式です。ここに「節剣」とあるのが、源高明の『西宮記』によれば「神璽等」、また藤原公任の『北山抄』によれば「神璽・宝剣」と書かれています。さらに一条兼良《かねら》の『代始和抄』には「旧主の御所より三種の神器を新帝へ渡さるる儀なり」と記されています。

なお、『貞観儀式』に見えませんが、平安中期の『西宮記』や『北山抄』には、この翌日も「新帝」が「辞譲の表《ひょう》」（受禅を辞退する謙譲の文書）を上られますが、「前帝」から止められます。そこで、ようやく「新帝」は「天子服」を召され、大臣が勅を奉じて「先帝の尊号」と「母氏（皇太后）の尊号」を定め、さらに伊勢の神宮に奉幣し、宇佐神宮に和気使《わけづかい》（和気清麻呂の子孫が使者となる）を遣わされます。

このような儀式が、朝廷勢力の衰微した中世から近世にかけても励行されていたことは、公家の日記などに記録されています。とりわけ江戸前期の霊元天皇から東山天皇への継承が行われた、宝永6年（1709）6月21日の『御昇壇記』は、詳細を極めており、しかも見事な絵図や屏風まで残っています（今秋、京都で開催した「近世京都の宮廷文化展」に、小原家文庫の絵図も屏風も展示しました）。

明治以降の「践祚式」と新しいセレモニー

明治の皇室典範では、譲位を否定しましたが、第一〇条に「天皇崩ずるときは、皇嗣即ち践祚し、祖宗の神器を承く」と明文化されまして、皇位の継承と「祖宗の神器」継受とが不離一体のものになりました。

しかも、その「践祚式」の施行細則が、明治42年（1909）公布の「登極令《とうきょくれい》」と「付式」（施行細則）に定められました。大正天皇と昭和天皇の践祚式は、それに則って「剣璽渡御の儀」を中心に行われています。この点、戦後の皇室典範では、憲法の政教分離原則に配慮したのか、「祖宗の神器を承く」という部分を削除してしまいました。そのために、今上陛下の践祚にあたり、これがどうなるのか心配されていましたが、「剣璽」を「神器」ではなく、『皇室経済法』にいう「皇位とともに伝わるべき由緒ある物」だからということで、「剣璽等承継の儀」という名称により「国の儀式」として行われました。

従って、これから考案される皇位継承の儀式では、まず「譲位の宣命」にあたる「譲位のお言葉」を今上陛下が読みあげられ、ついで「剣璽等承継の儀」として、従来の終身在位とは異なり、陛下ご自身が皇太子殿下に「剣璽」を手渡され（「天皇御璽」と「大日本国璽」は侍従から）、さらに新天皇から前天皇に「太上天皇」か「上皇」の尊号を奉られる（併せて前皇后には「皇太后」の尊号が奉られる）というようなセレモニーが、いずれも「国の儀式」として宮殿で晴れやかに実施されるのではないかと想像されます。

二　新しい時代の理想を表す元号

この皇位継承に際して、政府が最初に行わなければならない重要なことは、新しい元号（年号）を定めることです。

元号は皇位継承の時に政令で定める

日本の元号（年号）は、「大化」（６４５年）「大宝」（７０１年）の昔から、「大正」（１９１２年）「昭和」（１９２６年）に至るまで、時の天皇が、公卿（今の閣僚）や枢密顧問の会議に諮られて、最も善い文字を「勅定」されることになっていました。

それが戦後は、ＧＨＱから「一世一元」（天皇一代に元号一つ）の年号は「天皇の権威を表すことになる」とみなされ、新皇室典範に「元号」（改元）の規定を盛り込むことができませんでした。そのため、昭和40年代の中ごろから、「元号」の再法制化を求める声が強くなり、同54年（１９７９）６月12日「元号法」が制定されたのです。

その条文は、次の二項目から成っています。

1　元号は、政令で定める。
2　元号は、皇位の継承があった場合に限り改める。

すなわち、従来は天皇が「勅定」されることになっていましたが、現行憲法のもとでは、「国政に関する権能を有しない」と制約された天皇に直接的な権限がないため、この法律に基いて、政府が「政令」によって定めることになったのです（念のため、その政令を公布するのは、天皇の国事行為です）。

その元号は、明治以来の「一世一元」（天皇一代に元号一つ）という原則を受け継ぎまして、「皇位の継承があった場合に限り」直ちに新しい元号を定めると、御在位中その元号を使い続ける、ということになっています。このような元号制度は、かつて中国をはじめ周辺諸国で行われてきましたが、今や日本にしかありません。

そこで、政府は「元号法」成立後（十月二十三日）、閣議決定された次のような「元号の選定手続き」を公表し準備に入っています。（拙著『年号の歴史――元号制度の史的研究――〈増補版〉』平成元年、雄山閣出版、参照）。

1　候補名の考案

（1）内閣総理大臣は、高い識見を有する者を選び、これらの者に次の元号とするのにふさわしい候補名（以下「候補名」という）の考案を委嘱する。

（2）候補名の考案を委嘱される者（以下「考案者」という）の数は、若干名とする。

（3）内閣総理大臣は、各考案者に対し、おおよそ二ないし五の候補名の提出を求めるものとする。

（4）考案者は、候補名の提出に当たり、各候補名の意味・典拠等の説明を付するものとする。

2　候補名の整理

（1）総理府総務長官は、考案者から提出された候補名について、検討し及び整理し、その結果を内閣総理大臣に報告する。

（2）総理府総務長官は、候補者の検討及び整理に当たっては、次の事項に留意するものとする。

（ア）国民の理想としてふさわしいような、よい意味を持つものであること。

（イ）漢字二字であること。

（ウ）書きやすいこと。
（エ）読みやすいこと。
（オ）これまでに元号又はおくり名として用いられたものでないこと。
（カ）俗用されているものでないこと。

3　原案の選定
（1）内閣総理大臣の指示により、内閣官房長官、総理府総務長官及び内閣法制局長官による会議において、総理府総務長官により整理された候補名について精査し、新元号の原案として数個の案を選定する。
（2）全閣僚会議において、新元号の原案について認識する。
また、内閣総理大臣は、新元号の原案について衆議院及び参議院の議長及び副議長である者に連絡し、意見を伺う。

4　新元号の決定
閣議において、改元の政令を決定する。

※その後（昭和五十九年）官制の改革により、2（1）（2）・3（1）の総理府総務長官は「内閣官房長官」に置き換えられています。

これによれば、元号選定の責任者は内閣（総理大臣）でありますが、まずⓐその候補名を考案し提出するのは「考案者」（専門家）であり、ⓑそれを検討し整理するのは総理府総務長官（のち内閣官房長官）です。

ついでⓒそれを精査し原案を選定するのは三長官（のち内閣官房長官と内閣法制局長官）の会議であり、ⓓその原案について協議し決定するのは閣僚会議です。なお、ⓔ（事前に）衆参両院の正副議長などに意見を伺うことも考慮されています。

当時の政府は、これに基いて内々に新しい元号の候補名を専門家に委嘱するなど、準備を進め始めたにちがいありません。しかしながら、それは天皇の崩御を前提にした作業ですから、関係者以外、厳格に秘密とされてきました。

そして10年近く経った昭和64年（1989）1月7日、朝6時半ころ昭和天皇（87歳8ヶ月余）が崩御されますと、前述のとおり、深い悲しみのうちに午前10時半から宮殿において「剣璽承継の儀」が執り行われました。

そこで、政府（竹下登内閣）は、小渕恵三官房長官を中心として、直ちに表むきの改元手続きを進めています。

具体的には、あらかじめ数名の碩学《せきがく》に委嘱し、考案し提出されていた新元号の候補名を、官房長官のもとで詳しく検討（特に前掲２（２）（オ）（カ）により、従来日本だけでなく中国と周辺諸国でも、元号や諡号として用いられたことがないかどうか、また古来一般に俗用されたことがないかどうか、子細に吟味）したうえで、より良い三案に絞り込む作業を終えていました。

そこで、その三案を、官邸に招集された有識者（学界・言論界などの重鎮）十名に示し、また国会に赴いて衆参両院の正副議長に示して、それぞれから意見を求めたところ、すべて政府の推す第一案に賛成を得ましたので、直ちに、臨時閣議を開き、新元号を「平成」と決定したのです。

「平成」の理想は「平和の達成」

この新元号は、午後二時ころ、一方で官邸から皇居へ連絡して今上陛下に上奏され、「政令」公布に必要な書類が宮内庁へ運ばれて、「明仁」という御名の染筆と「天皇御璽」の金印を押す手続きが進められました。他方、それと併行して、首相官邸から小渕官房長官が、「平成」という二字を筆書きした額を掲げながら、次のように公表しています。

新しい元号は「平成《へいせい》」であります。これは、『史記』の五帝本紀、及び『書経』の大禹謨《うぼ》中の「内平かに外成る」（史記）「地平かに天成る」（書経）という文字の中から引用したものであります。

この「平成」には、国の内外にも天地にも平和が達成される、という意味がこめられており、これから新しい時代の元号とするに最もふさわしい元号であります。……

この時の光景は、40歳代以上の方々なら覚えておられるでしょうが、特に私は決して忘れることができません。実は学部の卒業論文以来「年号（元号）」に関心をもち、昭和54年（1979）に「元号法」が成立する2年前、『日本の元号』（雄山閣出版）と題する小著を出しています。

そのためか、同62年9月に昭和天皇が手術入院されたころから、いろいろ問い合わせを受け相談に応じていました。とりわけＮＨＫから、万一の場合、改元の特別報道番組で解説の手助けを依頼され、翌63年9月の大量吐血以降、ほとんど東京に逗留することを余儀なくされました。

そして翌64年1月7日当日、正午からスタジオに入り、ベテランのアナウンサーと年号の来歴などについて話をつないでいたところ、首相官邸からＦＡＸが届きまして、そこで初めて新元号が「平成」であり、その出典が『史記』と『書経』だということを知りました。従って、咄嗟に感想を求められても、うまく答えられませんでしたが、感じたままを話したように憶えています。

この「平成」という元号は、前掲の「改元手続き」２（２）にある「国民の理想としてふさわしい、よい意味をもつもの」であり「漢字二字である」だけでなく「書きやすい」「読みやすい」ことは、一見して明らかです。

また「これまでに元号又は諡号として用いられたものではない」「俗用されているものでない」ことは、十分に精査されていました（念のため、岐阜県武儀郡に「平成」という地区名のあることを後で知りましたが、これは「へなり」と訓みます）。さらに元号をイニシャルで示す場合、「へいせい」はＨですが、「めいぢ」のＭ、「たいしょう」のＴ、「しょうわ」のＳと重ならないことも、事前に考慮して選ばれたと思われます。

とりわけ出典の『史記』にみえる「内平外成」は、舜という伝説上の聖帝が、人材を登用して政治と教育にあたらせたところ、家や国の内も外も整い平和になった、という逸話に出てくる四字句です。

また『書経』にみえる「地平天成」も、舜の抜擢した禹（夏の始祖）が、五穀を実らせ生活を豊かにすれば「地も天も穏かに治まり平和になる」という逸話に出てくる四字句です（この両方が『春秋左氏伝』にもみえます）。

いずれにしましても、「平成」という二文字が「平和の達成」という永遠の理想を表明していると解釈することは可能です。とすれば、これこそ「国民の理想としてふさわしいもの」だと思われます。

高齢譲位までに準備し公表される新元号

それでは、この「皇位の継承があった場合に限り改め」られる元号は、これから「高齢譲位」が行われる際、どのように決められるのでしょうか。これも今後の検討課題ですから、今のところ判りませんが、私は次のようになるかもしれないと推測しています。

まず従来のように天皇陛下の崩御という最も悲しい事態を密かに予測しながら、ごく内々に進められてきた改元の準備が、かなりオープンに行われてよいだろうと思われます。もちろん、候補名の考案者が誰であるかは従来どおり公表しない方がよい（公的な元号が特定される考案者の評価で左右されない方がよい）とすれば、どなたに委嘱するかは伏せられることでしょう。

しかし、譲位の時期が内定されましたら、それより一年ほど前から行われる準備の一つとして、政府が改元の作業に入り準備を進めている事実は、ある段階で公表されてもよいのではないかと思われます。

また、おそらく半年ほど前までに数名の考案者から提出される文字案は、内閣官房長官のもとで担当関係者が丹念に精査して整理し、三案ぐらいに絞り込みます。さらに3ヶ月ほど前、その三案を皇室会議と日本学士院および衆参両院議長などに諮って、最良の一案が選ばれることにされたらよいのではないでしょうか。

その上で、遅くとも1ヶ月ほど前までにベストな新元号案を閣議において内定し、今上陛下と皇太子殿下に上奏して、正式に公布することにします。そうすれば、譲位の日までに官庁や銀行および報道機関などでも書類や情報データなどの切り替え準備作業ができます。やがて譲位当日、すなわち新天皇の践祚日から新元号を施行する、というような運びとなれば、かなりスムーズに改元が完成するものと思われます。

なお、元号（年号）の出典は、従来すべて漢籍（中国の古典）でした。しかしながら、日本で作成された漢文著作（勅撰の六国史や漢詩文集など）から採ることも考えてよいのではないか、という案を坂本太郎博士（東大名誉教授、文化勲章受章者）が早くから内々に提示しておられました。

また、元号（年号）に使用する漢字は、従来かなり厳しく制限され、最近まで七十一字に留まっていました。しかし「平成」改元の際、「平」は過去11回も使われてきましたが、「成」は新たに採用された一字です。

従って、次回からは、これまでの七十二字を基本としながらも、「国民の理想をあらわすにふさわしい」「書きやすい」「読みやすい」という要件に叶えば、新しい文字を加えてもよいのではないかと思われます。

三　新しい即位礼と大嘗祭の時期と場所

大正・昭和・平成の大礼とその反省

こうして今上陛下の高齢譲位と新天皇の践祚される当日、新時代にふさわしい新元号が施行されますならば、次は新天皇陛下の即位礼と大嘗祭が重要な課題になります。

その準備は、前天皇の譲位時期が確定すれば、内々に始められるでしょうが、本格的には譲位式・践祚式の直後から進められるでありましょう。

その即位礼と大嘗祭（あわせて大礼という）は、明治22年（1889）の「皇室典範」第一一条に、両方とも「京都に於てこれを行ふ」と定められ、同42年公布の「登極令」第四条に、「秋冬の間に於てこれを行ふ。大嘗祭は、即位の礼を訖《おわ》りたる後、続いてこれを行ふ」と決めてありました。

それによって、まず大正天皇の大礼は、大正4年（1915）11月の10日に即位礼、また14日に大嘗祭が行われました。ついで昭和天皇の大礼も、昭和3年（1928）11月10日に即位礼、また14日に大嘗祭が行われています。会場が京都でしたから、天皇陛下はじめ多数の皇族・華族や各界要人が参列されるには、当時の交通事情などを考えると、二つ続けて行うほかなかったのかもしれません。

さらに、今上陛下の大礼は、明治以来の「登極令」が廃止され、新典範では、第二十四条に「皇位の継承があったときは、即位の礼を行う」という規定しかありません。そこで、いろいろ検討の結果、諒闇あけの平成2年早々、場所は両方とも京都でなく、東京とするほかなく、その時期は大正と昭和の先例に近づけて、即位礼は11月12日、大嘗祭は11月22日と決められ、やがてその通りに進められました。

ただ、即位礼に不可欠な新天皇の登壇される「高御座《たかみくら》」（および隣に並び立つ皇后用の「御帳台《みちょうだい》」）は、大正大礼の際に造られたものが、京都御所の紫宸殿に常置されてきました。そのため、これが、木造の組み立て式にて分解できますから、東京へ運輸され、宮殿の松の間に設《しつら》えられました（終了後に再び京都の御所へ戻されています）。

そこで、あらためて両者の在り方を考えてみますと、古代から明治の初めまで、ほとんど別の時期に行われてきました。なぜなら、「即位式」（即位礼というのは近代以降）は、新天皇が践祚された場合、準備が出来次第、盛大に挙行するものですから、早ければ数日以内、遅くとも数ヶ月以内の例が多いのです。

それに対して「大嘗会《え》」（大嘗祭と大饗の節会《せちえ》を含めていう）は、神饌用の米と粟、および祭服用の麻と絹などを丁寧に栽培し織成しなければなりませんので、準備に半年以上を要します。しかも、その実施時期は、毎年の新嘗祭と同じ十一月（旧暦、近代以降も新暦の十一月）中が慣例ですから、即位式より相当に遅くなります。

このような本来の在り方を、前記のような事情で一続きにしたことは、やむをえなかったのかもしれません。しかし、すでに百年も前から、それを反省し再検討すべきだと考えていたのが、日本民俗学を開拓された柳田國男《やなぎだくにお》氏です。

大正大礼の行われた大正4年（1915）当時、柳田氏（40歳）は、貴族院の書記官長であり「大礼使」の一員でもありました。それゆえ、11月に京都で即位礼・大嘗祭・大饗儀のすべてに参列できたのですが、その際に感じた疑問と提言を次のように書き残しています（生前公表されず、遺稿「大嘗祭に関する所感」が全集に収められています）。

即位礼は、中古（飛鳥・奈良時代）外国の文物を輸入せられたる後、新たに制定せられたる、言はば国威顕揚の国際的儀式なるに反して、御世始めの大嘗祭に至っては、国民全体の信仰に深き根底を有するものにして、世の中が新しくなると共に愈々その斎忌を厳重にする必要あるものなるが故に、華々しき即位礼の儀式を挙げ、民心の興奮いまだ去らざる期節に、かくの如く幽玄なる儀式を執行することは不適当なり……。

すなわち、即位礼は外国の儀礼を取り入れて作りあげたもので、内外に国威を示す華々しい儀式ですが、大嘗祭は日本古来の国民（民俗）信仰に由来し潔斎を厳重にすべき幽玄な祭儀でありますから、前者の興奮がおさまらないうちに、続いて後者を執り行うのは「不適当」だというわけです。

その上で、今後の在り方のひとつとして、即位礼は東京で盛大に斎行した後、少し期間を空けて、大嘗祭は京都で厳粛に斎行したらどうか、と言っておられます。

これは極めて重要な指摘であり提案だと思われます。そこで私は、柳田氏の案を承けて、平成の初め、新聞や雑誌などに「即位礼は東京で、大嘗祭は京都で」という所見を書き、また民間有志と要路にも請願しましたが、残念ながら聴き入れられませんでした。

盛大な即位礼は早目に東京で挙行可能

けれども、このたび百数十年ぶりで譲位が可能になり、おそらく平成31年（２０１９）初めころ実施されるのであれば、大礼の時期と場所をぜひ見直してほしいと思います。まだ言うべきではないかもしれませんが、あえて私の提案を率直に申せば、次の即位礼はなるべく早目（春か初夏）に東京で盛大に挙行されるとともに、大嘗祭は古式どおりに京都で斎行されたら、一番よいのではないかと考えております。

この皇位継承に不可欠な大礼の具体的な在り方については、今後さまざまな観点から検討されるでしょうが、ここでは平成二年十一月の即位礼と大嘗祭を振り返りながら、準備と実施の大筋を仮に描いてみようと思います。

まず従来の終身在位による先帝の崩御と全く異る「高齢譲位」に続く新天皇の大礼ですから、その準備は早くより始めることができます。もし特別法が順調に成立して公布されましたら、政府と宮内庁で協議して譲位の時期を内定するでしょうが、それを私は平成31年初めと仮定し、それが1年前（30年正月）までに内定されると想定したうえで、以下の試論を書き進めます。

即位礼も大嘗祭も、実にさまざまな物（用具・衣服・供物・設備など）と、それを作ったり扱えるさまざまな人（超一流の技能者など）と、それに伴う相当な金（直接・間接の費用）などを必要とします。平成の初めには、60余年ぶりの大礼でしたから、物と人の確保に非常な苦労があり、それと共に金の工面も大変な苦心があったようです。

とりわけ、両方の位置づけと費用について検討するため、すでに諒闇中の平成元年9月から、政府に「即位の礼準備委員会」、また宮内庁に「大礼準備委員会」が設けられ、ついで11月に有識者から参考意見を徴しています。

その上で12月に、即位礼は「国の儀式」として、内閣費から関係費用約33億８５００万円、また大嘗祭は「皇室の公的行事」として、宮廷費から関係費用約25億６８００万円（他に外来賓客応接費と都内特別警備費の合計約21億５３００万円）など、総計81億円余りの予算を組んでいます。

これによって、諒闇明けの翌2年（1990）1月中旬から本格的に諸準備が進められ、その11月に両方とも見事に遂行されました。そのために、ほとんど他言できない裏方の雑務や関係事業などに尽力された方々の心労を、もれ承りましても、よくぞやってくださったと、心から感謝するほかありません。

しかも、この平成大礼が、日本国憲法のもとで、政府・国会および国民多数の賛同をえて実施されたことにより、今後の大礼は、それを直近の先例として大筋踏襲することが可能になった意義は、極めて大きいと思われます。

ただ、次の大礼は、今上陛下の「高齢譲位」という新しい事態を前提としていますから、その準備は譲位の時期が内定され次第（たとえば約1年前）、内々準備を始めますならば、譲位の実施直後から正式に作業を進めることができると見込まれます。

そうであれば、平成元年12月に政府の示した見解にいう「即位を公《おおやけ》に宣明されると共に、その即位を内外の代表が寿ぐ〝即位礼正殿の儀〟」と、その直後「広く国民に即位を披露され、祝福を受けられるための〝祝賀御列の儀〟」（いわゆるパレード）、および同夜から4日間宮殿で開催される〝饗宴の儀〟は、いずれも「国の儀式」ですが、それを譲位式・

践祚式から数ヶ月以内（もし譲位が正月ならば春か初夏ころ）挙行することは、おそらく可能であろうと思われます。

その即位礼は、平成2年11月12日（月曜・臨時祝日）を中心に行われた儀式とおおよそ同様だと仮定して、主な点だけ略述します。

まず皇居宮殿の正殿「松の間」において、午後1時、新天皇陛下が黄櫨染御袍を召され剣璽を伴って、事前に京都御所から運んで設《しつら》えらる高御座に登られまして（同じく御帳台に新皇后陛下がいわゆる十二単《ひとえ》で登られ）、「即位のお言葉」（勅語）を読み上げられますと、全国民を代表して内閣総理大臣が、その前で「寿詞《よごと》」（祝辞）を述べ、声高らかに「万歳」を三唱します。

この盛儀には、平成の場合、国内の各界代表約2千人、および海外158国と国連・EUの代表など約3百人が列席しています。あれから30年後の次回は、外来・賓客がさらに多くなるだろうと予想されます。

ついで午後3時半、洋装に着替えられた両陛下が、皇居から赤坂の仮御所までオープンカーによりパレードされました平成の場合、約5kmの沿道において約12万余の人々が奉祝し、テレビ視聴率は合計30％を超したといわれています。

さらに同夜、皇居宮殿の「豊明殿」において、外国の賓客を招いて祝宴が催され、翌日から3日間に6回、国内の各界代表（平成の場合、合計約3千5百人）を招いて饗宴の儀が行われます。その後も、御即位を奉祝する各種の祝賀式や一般国民の参賀などが続きます（平成の場合、合計約21万人参加）。

厳粛な大嘗祭は晩秋に京都で斎行が望ましい

一方、大嘗祭には、即位礼よりも多様な物の準備に時間と人手を要します。それは一々の説明を省きますが、一連の行事・祭儀は、おそらく平成の場合に準じて進められると仮定して、平成二年のスケジュールを列挙すれば、次のとおりです。

①1月23日　賢所と皇霊殿・神殿に「期日奉告の儀」
②1月25日　伊勢の神宮、橿原の神武天皇陵および前四代（孝明・明治・大正・昭和）天皇の各陵に「奉幣の儀」
③2月8日　宮中の神殿前で「斎田点定の儀」
④　悠紀国の秋田県で斎田下種祭・田植式

⑤　　　主基国の大分県で斎田下種祭・田植式
⑥8月2日　皇居東御苑で「大嘗宮地鎮祭」
⑦9月28日　悠紀斎田で「技穂の儀」
⑧10月10日　主基斎田で「技穂の儀」
⑨10月25日　悠紀・主基両地方から皇居の大嘗宮斎庫に「新穀供納」
⑩11月12日　宮殿で「即位礼正殿の儀」「祝賀御列の儀」
⑪　　　宮殿で「饗宴の儀（12日夜から15日まで七回）
⑫11月13日　赤坂御所で外国賓客とのご会見／赤坂御苑で園遊会
⑬11月16日　宮殿で伊勢の神宮に「勅使発遣の儀」
⑭11月20日　大嘗祭前二日「御禊」と「大祓」
⑮11月21日　大嘗祭前一日「大嘗宮鎮祭」と「鎮魂の儀」
⑯11月22日　午前、大嘗祭当日、賢所・皇霊殿・神殿に「大御饌供進の儀」
⑰　　　夜半、「大嘗宮の儀、悠紀殿供進の儀」
⑱11月23日　未明、「大嘗祭の儀、主基殿供進の儀」
⑲11月24日　宮殿で「大饗の儀」（25日までに3回）

⑳11月25日　大嘗祭後一日「大嘗宮鎮祭」
㉑11月27日　即位礼・大嘗祭後「豊受大神宮に親謁《しんえつ》（参拝）の儀」
㉒11月28日　即位礼・大嘗祭後「皇大神宮に親謁の儀」
㉓12月2日　即位礼・大嘗祭後「神武天皇陵・孝明天皇陵に親謁の儀」
㉔12月3日　即位礼・大嘗祭後「明治天皇陵に親謁の儀」
㉕12月5日　即位礼・大嘗祭後「大正天皇陵・昭和天皇陵に親謁の儀」
㉖12月6日　即位礼・大嘗祭後「賢所・皇霊殿・神殿に親謁の儀」
㉗　即位礼・大嘗祭後「賢所御神楽の儀」

このうち、③の「斎田点定の儀」というのは、神饌用のお米と粟を作ってもらう田畑の地方を、古式どおり亀卜《きぼく》（亀の甲の裂け目で占うこと）により定める儀式です。それは古来、皇居のある所（宮処）を中心にして、二つの地方（もと国、いま県）を選ぶのですが、おおよそ東の方を悠紀《ゆき》の国、おおよそ西の方の国を主基の国と申します。

それが大正と昭和の時は、京都を中心にして、悠紀の国が愛知県（現岡崎市六ツ美町）と滋賀県（現野州市三上）、主基の国が香川県（綾歌郡綾川町）と福岡県（福岡市脇山町）

に卜定されました。また平成の大嘗祭は、東京を中心にして、悠紀の国が秋田県（南秋田郡五城目町）、主基の国が大分県（玖珠郡玖珠町）に卜定されています。

では、次回どうなるのでしょうか。それは大嘗祭の斎行場所を東京とするか京都にするかで変わってきます。いずれにしても、神饌用のお米と粟を耕作し献納する二ヶ所の地方は、日本全体を代表して、おおよそ東日本と西日本から選ばれることに意味があります。

この悠紀・主基両地方の斎田で作られたお米と粟は、9月下旬から10月上旬ころ、古式どおりに「技穂」の形で収穫され、10月下旬に大嘗宮の斎庫に納められます。また、それとは別に、全国の都道府県から、さまざまの特産品（平成の場合およそ2百品目）が供進され、大嘗宮に「庭積机代物《にわづみのつくえしろもの》」として供えられます。

それを見ますと、大嘗祭というのは、毎年11月23日夜、皇居の神嘉殿で斎行される新嘗祭と本質的に同じような祭儀です。ただ、それを天皇の代替り初めに、新しく造立される大嘗宮において、平年よりも多くの神饌を神々に供えられ、そのおさがり（神々からの贈り物＝たべもの）を自ら召しあがられる大祭です。

それを神秘的に解釈して、この祭儀により「天皇霊」を受け継がれる、というようなことを強調している論者が少くありません。しかし、皇統を世襲される天皇は、祖先や自然の神々を祀り、国家の安泰と国民の安寧を祀られる至高の尊者（至尊《しそん》）です。

従って、御代始めの大嘗祭においても、人々が生きていくのに不可欠な穀物（その代表が水田から穫れるお米と、陸田で穫れる粟）を、特別に悠紀（東日本）と主基（西日本）の斎田で収穫し、丁寧に神饌として供進・共食されることによって、祖先と自然の神々に感謝され、国家の安寧と国民の安寧を祈願されるところに本質的な意味がある、と解してよいだろうと考えております。

この大嘗祭は、⑰午後6時すぎから9時半ころまで、東側の悠紀殿において行われ、しばらく休まれた後、⑱翌午前0時半から3時半ころまで、西側の主基殿において同様の祭儀が行われます。かなり寒い夜中、天皇陛下は、それに全身全霊を注がれますから、大変お疲れになると思われます。

しかし続いて、⑲翌日から翌々日にかけて3回「大饗の儀」を催されます。それが平成の場合は宮殿で行われましたが、もし京都で行われる場合、たとえば御所脇の京都迎賓館あたりを使われることになるかもしれません。

一連の行事はこの後も㉑～㉒が約10日間続きます。それらは新しい皇后陛下もご一緒されることになっていますが、どうかつつがなく行われることを今から念じております。

付一　歴代天皇と后妃の略系図

凡例
1　太田亮編『姓氏家系大辞典』所載「皇室御系譜」等を参考にした。
2　歴代天皇の継承関係と各々の生母および近代の宮家などを列記した。
3　大まかな纏まりごとにA〜Oの符号をつけ年代の西暦概数を注記した。

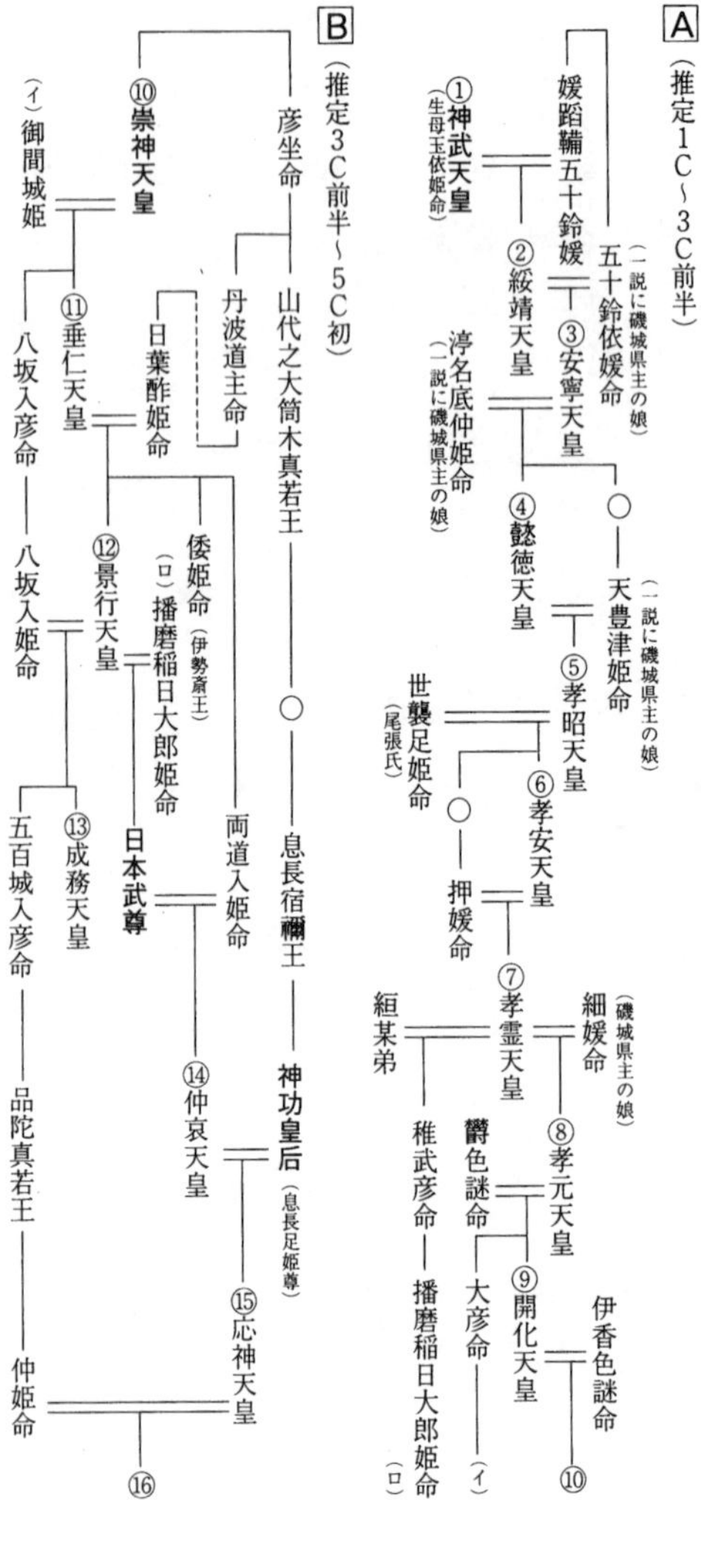

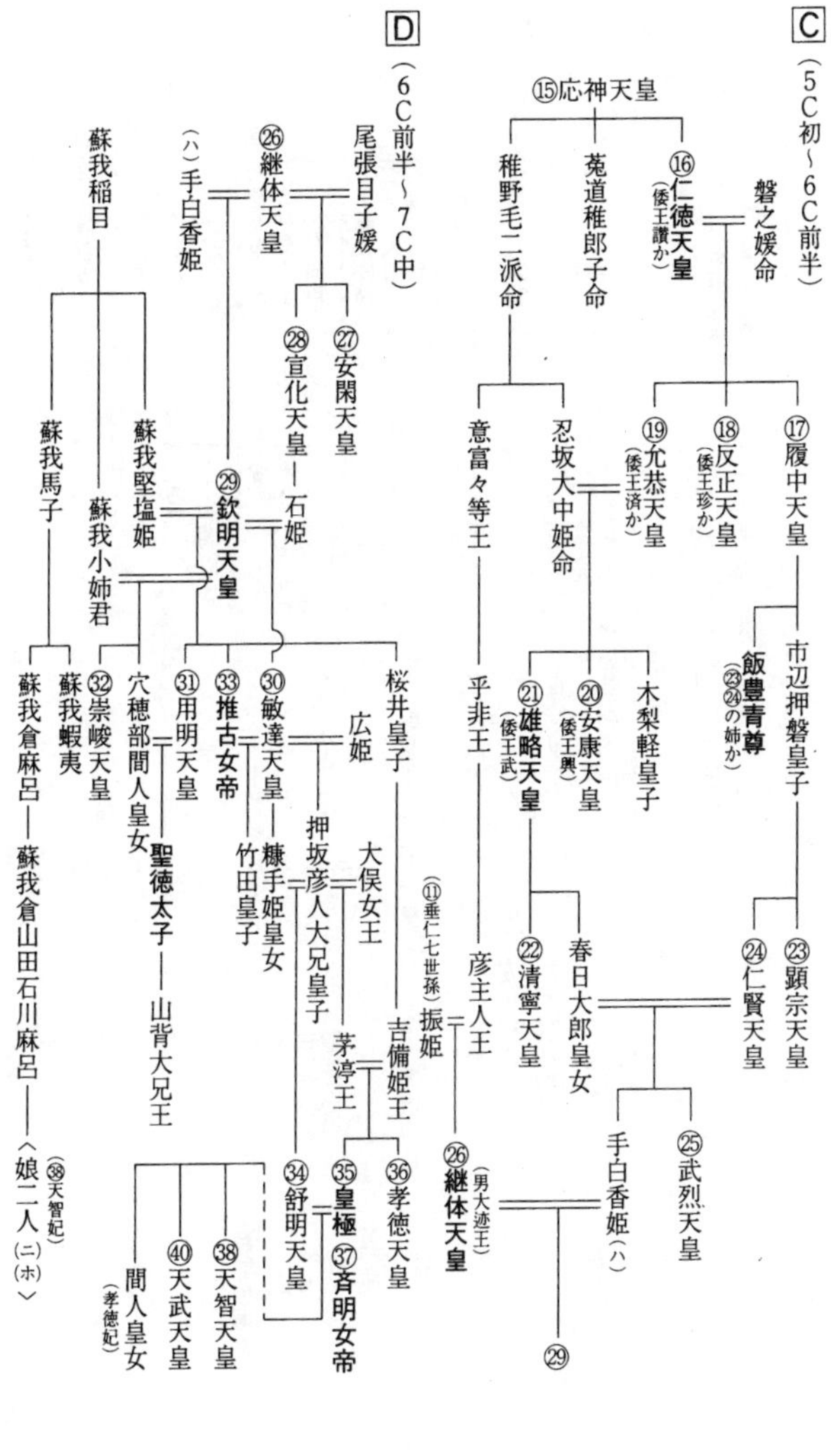
C
（5C初～6C前半）
⑮応神天皇
⑯仁徳天皇（倭王讃か）
菟道稚郎子命
稚野毛二派命
磐之媛命
⑰履中天皇
⑱反正天皇（倭王珍か）
⑲允恭天皇（倭王済か）
忍坂大中姫命
意富々等王
市辺押磐皇子
飯豊青尊（㉓㉔の姉か）
木梨軽皇子
⑳安康天皇（倭王興）
㉑雄略天皇（倭王武）
乎非王
㉓顕宗天皇
㉔仁賢天皇
春日大郎皇女
㉒清寧天皇
彦主人王
（⑪垂仁七世孫）振姫
㉕武烈天皇
手白香姫（ハ）
㉖継体天皇（男大迹王）
㉙
D
（6C前半～7C中）
尾張目子媛
㉖継体天皇
（ハ）手白香姫
蘇我稲目
㉗安閑天皇
㉘宣化天皇
石姫
㉙欽明天皇
蘇我堅塩姫
蘇我小姉君
蘇我馬子
桜井皇子
広姫
㉚敏達天皇
㉝推古女帝
㉛用明天皇
穴穂部間人皇女
㉜崇峻天皇
蘇我蝦夷
蘇我倉麻呂
大俣女王
押坂彦人大兄皇子
糠手姫皇女
竹田皇子
聖徳太子
山背大兄王
蘇我倉山田石川麻呂
吉備姫王
茅渟王
㊱孝徳天皇
㉟皇極
㊲斉明女帝
㉞舒明天皇
㊳天智天皇
㊵天武天皇
間人皇女（孝徳妃）
（㊳天智妃）
〈娘二人（ニ）（ホ）〉

E（7C中頃～8C後半）

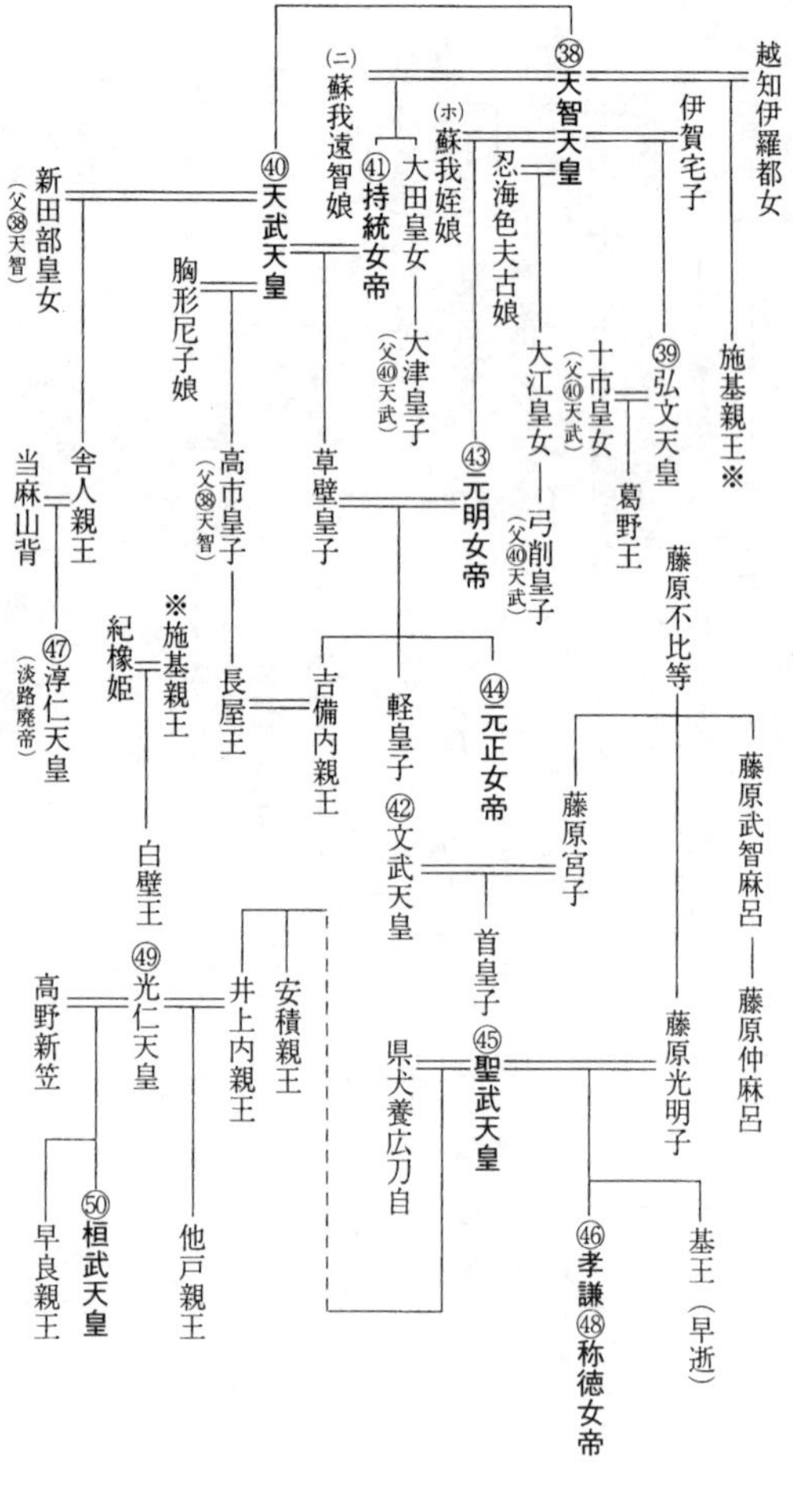
越知伊羅都女
施基親王※
伊賀宅子
㊴弘文天皇
十市皇女（父㊵天武）
葛野王
㊳天智天皇
忍海色夫古娘
大江皇女（父㊵天武）
弓削皇子
(ホ)蘇我姪娘
㊸元明女帝
大田皇女
大津皇子（父㊵天武）
(ニ)蘇我遠智娘
㊶持統女帝
草壁皇子
㊵天武天皇
胸形尼子娘
高市皇子（父㊳天智）
新田部皇女（父㊳天智）
舎人親王
当麻山背
㊼淳仁天皇（淡路廃帝）
藤原不比等
藤原武智麻呂
藤原仲麻呂
藤原宮子
藤原光明子
㊹元正女帝
軽皇子 ㊷文武天皇
首皇子
㊺聖武天皇
基王（早逝）
㊻孝謙㊽称徳女帝
県犬養広刀自
吉備内親王
長屋王
※施基親王
紀橡姫
白壁王
㊾光仁天皇
安積親王
井上内親王
他戸親王
高野新笠
㊿桓武天皇
早良親王

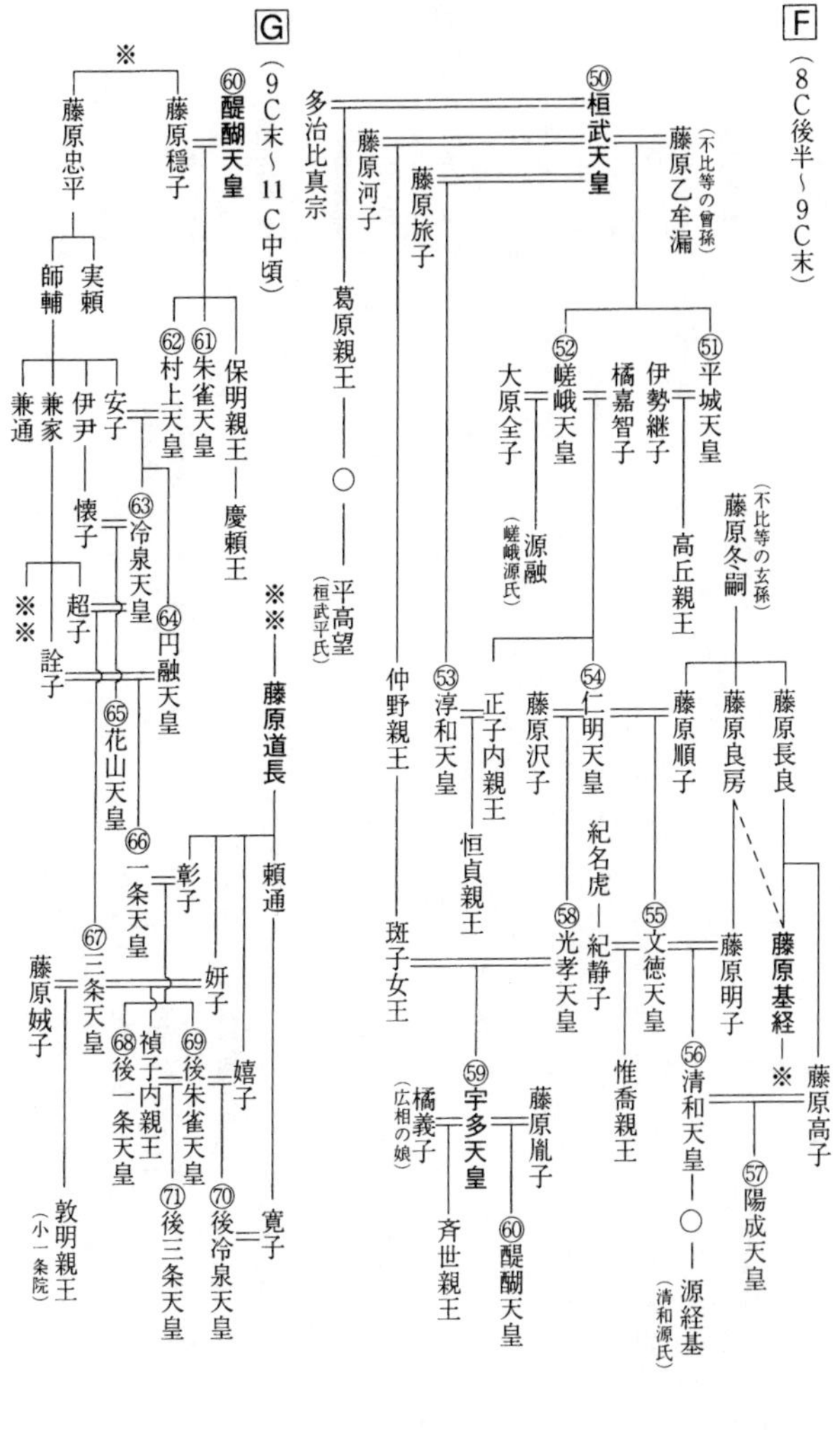
F
(8C後半～9C末)
(不比等の曾孫)
藤原乙牟漏
50桓武天皇
多治比真宗
藤原河子
藤原旅子
51平城天皇
伊勢継子
橘嘉智子
52嵯峨天皇
大原全子
高丘親王
源融
(嵯峨源氏)
(不比等の玄孫)
藤原冬嗣
藤原長良
藤原良房
藤原順子
54仁明天皇
藤原沢子
正子内親王
53淳和天皇
恒貞親王
葛原親王
○
平高望
(桓武平氏)
仲野親王
藤原基経
※
藤原明子
55文徳天皇
紀名虎
紀静子
58光孝天皇
班子女王
藤原高子
56清和天皇
○
源経基
(清和源氏)
57陽成天皇
惟喬親王
藤原胤子
59宇多天皇
橘義子
(広相の娘)
60醍醐天皇
斉世親王
G
(9C末～11C中頃)
60醍醐天皇
※
藤原穏子
藤原忠平
実頼
師輔
保明親王
慶頼王
61朱雀天皇
62村上天皇
安子
伊尹
兼家
兼通
63冷泉天皇
懐子
64円融天皇
超子
※※
詮子
65花山天皇
66一条天皇
※※
藤原道長
頼通
彰子
妍子
嬉子
67三条天皇
藤原娍子
68後一条天皇
禎子内親王
69後朱雀天皇
70後冷泉天皇
71後三条天皇
寛子
敦明親王
(小一条院)

H（11C中頃～12C後半）

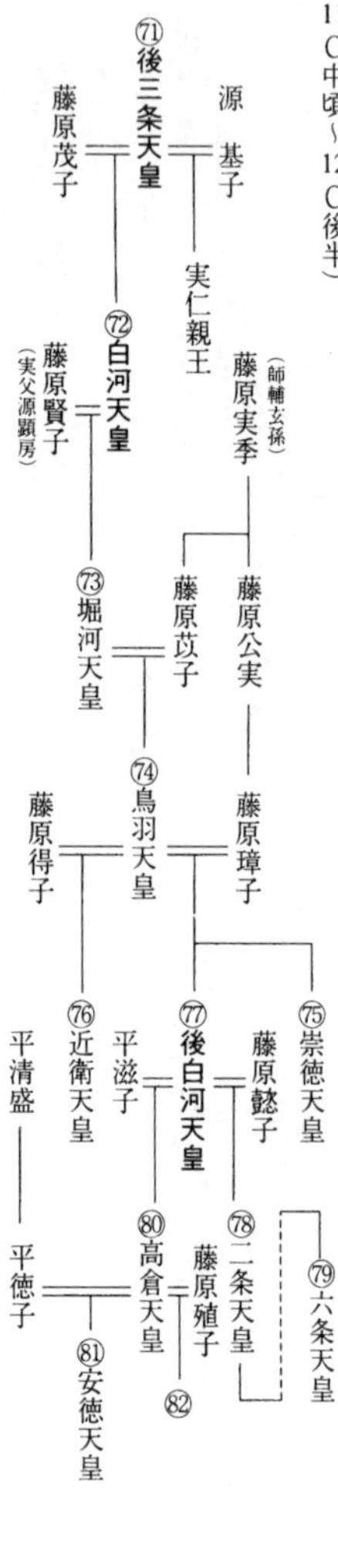

I（12C後半～14C前半）

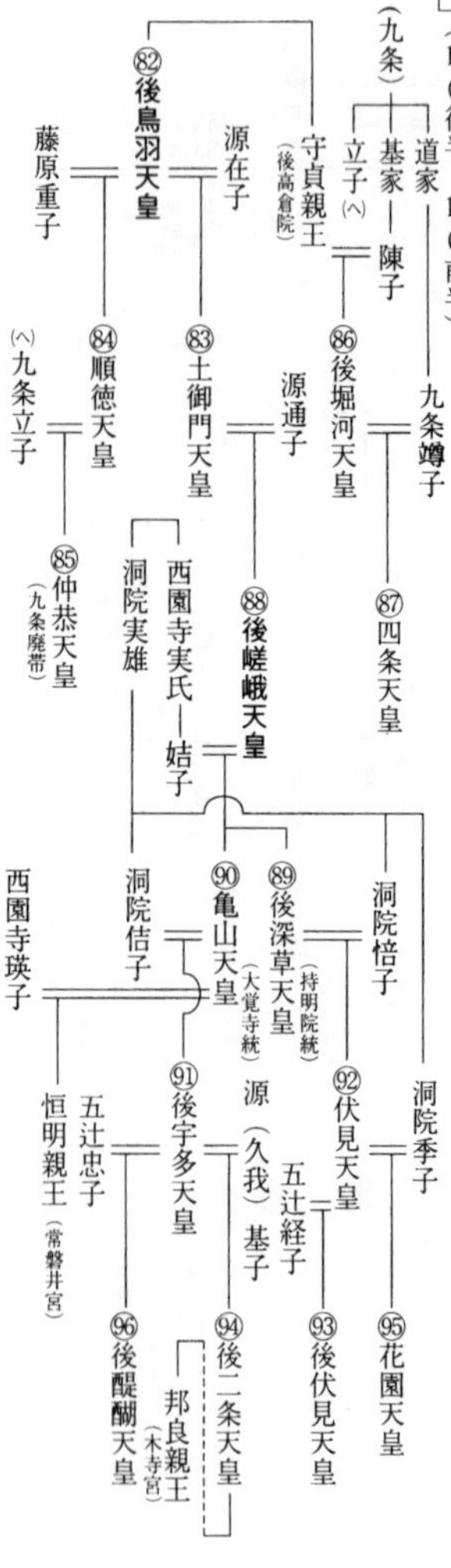

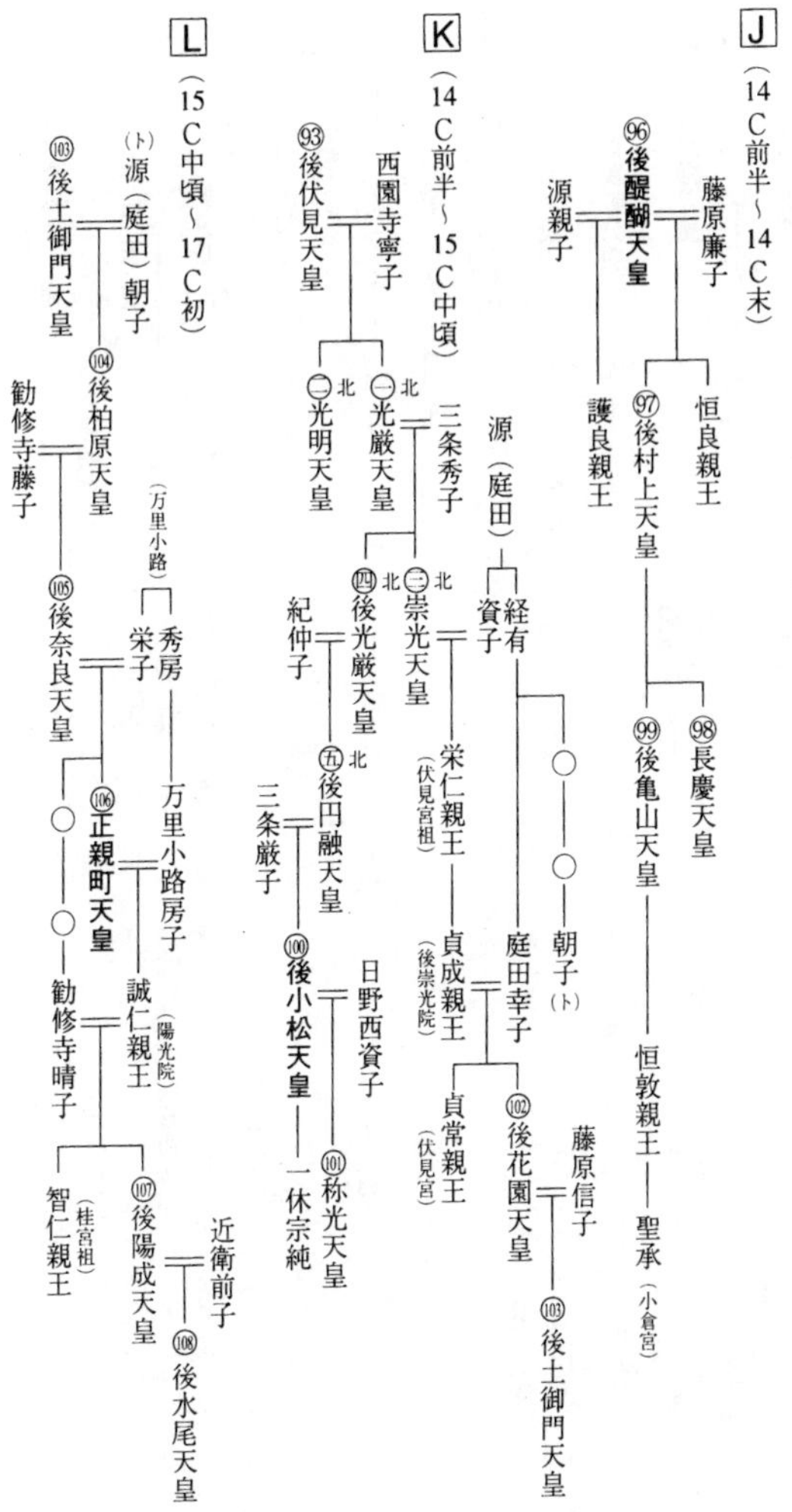
J
（14C前半～14C末）
藤原廉子
96後醍醐天皇
源親子
恒良親王
97後村上天皇
護良親王
98長慶天皇
99後亀山天皇
恒敦親王
聖承（小倉宮）
K
（14C前半～15C中頃）
西園寺寧子
93後伏見天皇
北一光厳天皇
北二光明天皇
三条秀子
北三崇光天皇
北四後光厳天皇
紀仲子
栄仁親王（伏見宮祖）
北五後円融天皇
三条厳子
貞成親王（後崇光院）
100後小松天皇
日野西資子
101称光天皇
一休宗純
源（庭田）
経有
資子
○
○
朝子（ト）
庭田幸子
貞常親王（伏見宮）
102後花園天皇
藤原信子
103後土御門天皇
L
（15C中頃～17C初）
（ト）源（庭田）朝子
103後土御門天皇
104後柏原天皇
勧修寺藤子
105後奈良天皇
（万里小路）
秀房
栄子
万里小路房子
106正親町天皇
○
○
勧修寺晴子
誠仁親王（陽光院）
107後陽成天皇
智仁親王（桂宮祖）
近衛前子
108後水尾天皇

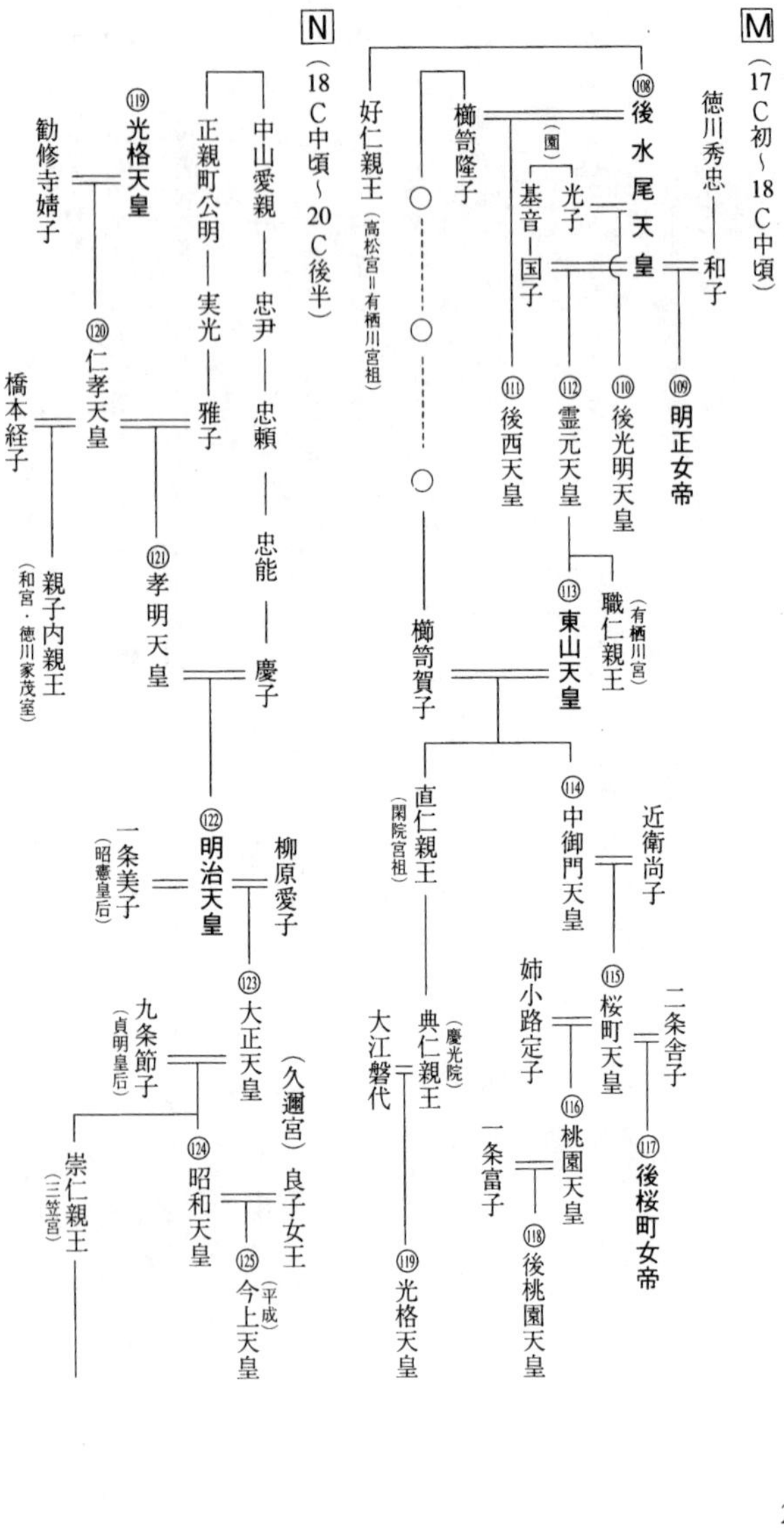
M
(17C初〜18C中頃)
徳川秀忠—和子
108 後水尾天皇
(園)光子
基音—国子
109 明正女帝
110 後光明天皇
112 霊元天皇
111 後西天皇
櫛笥隆子
好仁親王(高松宮＝有栖川宮祖)
職仁親王(有栖川宮)
113 東山天皇
櫛笥賀子
114 中御門天皇
近衛尚子
直仁親王(閑院宮祖)
115 桜町天皇
二条舎子
姉小路定子
116 桃園天皇
117 後桜町女帝
一条富子
118 後桃園天皇
典仁親王(慶光院)
大江磐代
119 光格天皇
N
(18C中頃〜20C後半)
119 光格天皇
勧修寺婧子
120 仁孝天皇
橋本経子
親子内親王(和宮・徳川家茂室)
中山愛親—忠尹—忠頼—忠能—慶子
正親町公明—実光—雅子
121 孝明天皇
122 明治天皇
柳原愛子
一条美子(昭憲皇后)
123 大正天皇
九条節子(貞明皇后)
(久邇宮)良子女王
124 昭和天皇
125 今上天皇(平成)
崇仁親王(三笠宮)

O（19C中頃～20C末）

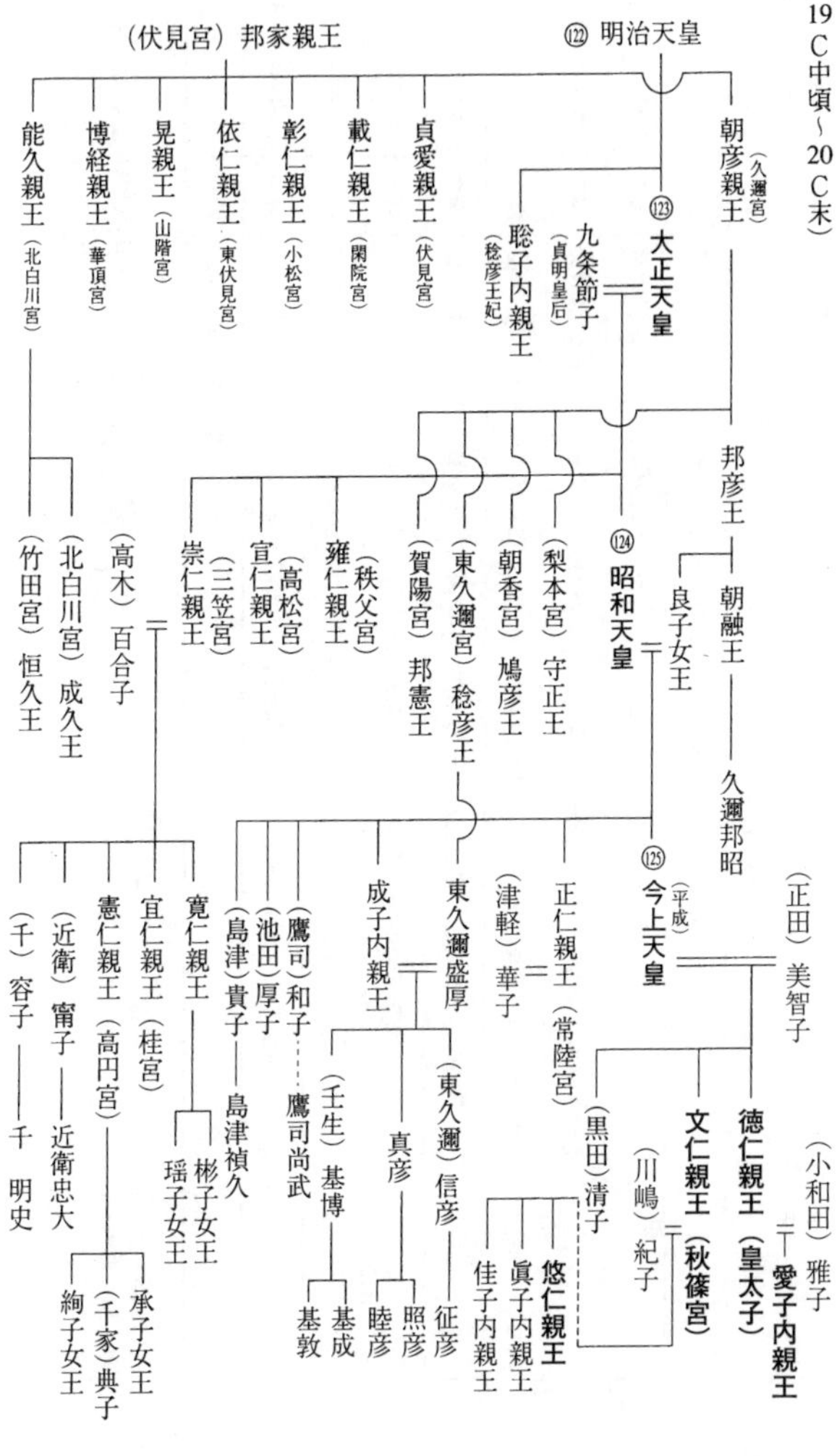

122 明治天皇
（伏見宮）邦家親王
朝彦親王（久邇宮）
123 大正天皇
九条節子（貞明皇后）
聡子内親王（稔彦王妃）
貞愛親王（伏見宮）
載仁親王（閑院宮）
彰仁親王（小松宮）
依仁親王（東伏見宮）
晃親王（山階宮）
博経親王（華頂宮）
能久親王（北白川宮）
邦彦王
朝融王
良子女王
久邇邦昭
124 昭和天皇
（梨本宮）守正王
（朝香宮）鳩彦王
（東久邇宮）稔彦王
（賀陽宮）邦憲王
（秩父宮）雍仁親王
（高松宮）宣仁親王
（三笠宮）崇仁親王
（高木）百合子
（北白川宮）成久王
（竹田宮）恒久王
（正田）美智子
125 今上天皇（平成）
正仁親王（常陸宮）
（津軽）華子
東久邇盛厚
成子内親王
（鷹司）和子
鷹司尚武
（池田）厚子
（島津）貴子
島津禎久
寛仁親王
彬子女王
瑶子女王
宜仁親王（桂宮）
憲仁親王（高円宮）
承子女王
（千家）典子
絢子女王
（近衛）甯子
近衛忠大
（千）容子
千　明史
（小和田）雅子
愛子内親王
徳仁親王（皇太子）
文仁親王（秋篠宮）
（川嶋）紀子
悠仁親王
眞子内親王
佳子内親王
（黒田）清子
（東久邇）信彦
征彦
真彦
照彦
睦彦
（壬生）基博
基成
基敦

付二　今上天皇83年の歩み略年表

（敬称・敬語ほぼ省略）
©モラロジー研究所「ミカド文庫」

年	年齢	月日	内容
昭和8年（1933）	0歳	12月23日	・皇太子の継宮明仁親王（今上陛下）誕生　父帝32歳・母后30歳
昭和10年（1935）	2歳	11月28日	・第二皇男子の義宮正仁親王（のち常陸宮）誕生
昭和12年（1937）	4歳	03月29日	・満3歳3ヶ月の皇太子が両親のもとを離れ、新築の東宮仮御所に
昭和14年（1939）	6歳	03月02日	・第五皇女子の清宮貴子内親王誕生（昭和35年、島津久永氏と結婚）
昭和20年（1945）	11歳	08月15日	・正午に終戦の詔書が、玉音放送される。皇太子、疎開先で作文「新日本の建設」
昭和21年（1946）	12歳	11月03日	・日本国憲法が公布され、天皇は日本国及び日本国民統合の象徴となる
昭和22年（1947）	13歳	05月03日	・新皇室典範が公布され、旧典範の多くを引き継ぐ
昭和23年（1948）	14歳	12月23日	・巣鴨刑務所で東条英機ら7名処刑、皇太子祝賀を取りやめ
昭和24年（1949）	15歳	07月20日	・「祝日法」により天皇節を改めて天皇誕生日とする
昭和26年（1951）	17歳	05月17日	・祖母の貞明皇太后崩御（66歳）
昭和27年（1952）	18歳	11月10日	・皇太子明仁親王の成年式、立太子の礼が行われる

昭和28年（1953）	19歳	03月～10月	・03月～10月　英国女王エリザベス二世の戴冠式に天皇名代として参列のため欧米歴訪
昭和34年（1959）	25歳	04月10日	・皇太子明仁親王と正田家美智子妃（24歳）ご成婚
昭和35年（1960）	26歳	02月23日 06月14日	・長男の浩宮徳仁親王（現皇太子）誕生 ・新東宮御所落成
昭和36年（1961）	27歳	09月22日 11月27日	・皇太子・同妃、日米修好百年で訪米 ・皇居吹上御所が完成
昭和39年（1964）	30歳	09月30日	・弟宮正仁親王（29）と津軽華子がご結婚、常陸宮創設
昭和40年（1965）	31歳	11月30日	・次男の礼宮文仁親王（のちの秋篠宮）誕生
昭和43年（1968）	34歳	11月14日	・皇居の新宮殿落成式
昭和44年（1969）	35歳	04月18日	・長女の紀宮清子内親王誕生
昭和46年（1971）	37歳	09月～10月	・天皇（70歳）・皇后ヨーロッパ歴訪のため、皇太子が国事行為の臨時代行
昭和50年（1975）	41歳	07月17日 09～10月	・皇太子・同妃が沖縄戦蹟慰霊 ・天皇・皇后が米国訪問
昭和55年（1980）	46歳	02月23日	・浩宮徳仁親王（20歳）の成年式が行われる
昭和58年（1983）	49歳	06月	・浩宮英国留学（～60年10月）
昭和62年（1987）	53歳	01月08日	・皇太子・同妃が沖縄海邦国体に天皇の名代として臨席
昭和63年（1988）	54歳	09月19日	・昭和天皇、吹上御所で吐血。危篤。皇太子が国事行為の全面代行
昭和64年（1989）	55歳	01月07日	・昭和天皇崩御（午前6時33分）。皇太子明仁親王践祚。「平成」改元

平成元年（1989）	55歳	02月24日	・昭和天皇の「大喪の礼」
		05月20日	・徳島県の「全国植樹祭」
		08月15日	・「全国戦没者追悼式」ご出席
平成2年（1990）	56歳	06月29日	・次男文仁親王（24歳）と川嶋紀子（23歳）ご結婚。秋篠宮家創設
		11月12日	・皇居宮殿で「即位礼」
		11月23日	・皇居東御苑で「大嘗祭」
		11月22日	・皇居・赤坂御所間を祝賀御列
		11月26日	・大嘗祭・大嘗宮の儀（～23日）
平成3年（1991）	57歳	02月23日	・長男徳仁親王（31歳）立太子の礼
		07月10日	・長崎県雲仙・普賢岳噴火をお見舞い
		10月23日	・眞子内親王誕生
平成4年（1992）	58歳	10月23日	・日中国交正常化20周年で中国ご訪問
平成5年（1993）	59歳	06月09日	・徳仁親王（33歳）と小和田雅子（24歳）ご結婚
		09月03日	・イタリア・ベルギー・ドイツご訪問
平成6年（1994）	60歳	02月12日	・戦後50年「慰霊の旅」で、東京都小笠原諸島の硫黄島、父島、母島ご訪問

		06月10日	・米国をご訪問（〜26日）
		10月02日	・フランス・スペインをご訪問（〜14日）
		11月08日	・「平安建都1200年記念式典」ご出席
		12月29日	・佳子内親王ご誕生。
平成7年（1995）	61歳	01月31日	・阪神・淡路大震災の被災地をお見舞い。春の園遊会中止へ。
		07月26日	・戦後50年「慰霊の旅」で、長崎・広島・沖縄・東京都慰霊堂ご訪問
平成8年（1996）	62歳	07月26日	・旧・日光田母沢御用邸をご訪問（日光市）。
平成9年（1997）	63歳	05月30日	・ブラジル・アルゼンチンを訪問（〜6月13日）
平成10年（1998）	64歳	02月07日	・長野冬季オリンピック大会開会式大会に名誉総裁としてご出席
		05月23日	・英国・デンマークご訪問（〜6月5日）
平成11年（1999）	65歳	11月12日	・政府主催「天皇陛下御在位十年記念式典」にご出席
平成12年（2000）	66歳	05月20日	・オランダ・スウェーデンご訪問
		06月16日	・香淳皇太后（96歳）崩御
平成13年（2001）	67歳	12月01日	・皇太子ご夫妻（41・35歳）に長女の敬宮愛子内親王誕生
平成14年（2002）	68歳	07月06日	・ポーランド・ハンガリーご訪問（〜20日）

		09月28日	・皇后、スイスへ
平成15年（２００３）	69歳	01月18日	・天皇陛下、前立腺全摘出ご手術
平成16年（２００４）	70歳	11月16日	・新潟県中越地震の被災地お見舞い
平成17年（２００５）	71歳	06月27日	・戦後60年「慰霊の旅」で米国自治領サイパン島ご訪問
		10月11日	・戦後60年にあたり、「戦没船員の碑」ご供花（神奈川県立観音崎公園）
		11月15日	・長女清子内親王（36歳）、黒田慶樹とご結婚
平成18年（２００６）	72歳	06月08日	・シンガポール・タイを訪問（～15日）
		09月06日	・秋篠宮ご夫妻（40・39歳）に長男の悠仁親王ご誕生
平成19年（２００７）	73歳	05月21日	・スウェーデン・エストニア・ラトビア・リトアニア・英国をご訪問（～30日）
		08月08日	・新潟県中越沖地震の被災地お見舞い
平成20年（２００８）	74歳	11月27日	・「日本遺族会創立60周年記念式典」にご出席
平成21年（２００９）	75歳	01月29日	・宮内庁、宮中祭祀、ご公務、ご負担軽減策を発表。
		11月12日	・政府主催「天皇陛下御在位二十年記念式典」ご出席
平成22年（２０１０）	76歳	10月08日	・「平城遷都１３００年記念祝典」にご出席
平成23年（２０１１）	77歳	03月16日	・東日本大震災お見舞いの「お言葉」放映（以後7週連続お見舞）

平成24年（2012）	78歳	02月18日	・天皇陛下、東京大学医学部附属病院で心臓バイパスの手術を受けられる
		05月16日	・英国ご訪問（～20日）
		07月19日	・長野県北部地震の被災地お見舞い
平成25年（2013）	79歳	11月14日	・宮内庁、「今後の御陵及び御喪儀のあり方」発表
		11月30日	・インドをご訪問（～12月6日）
平成26年（2014）	80歳	08月21日	・『昭和天皇実録』が完成し献上される
		10月05日	・高円宮家の次女の典子女王、千家国麿とご結婚
平成27年（2015）	81歳	04月08日	・戦後70年「慰霊の旅」でパラオ共和国ペリリュー島などご訪問（～9日）
		05月26日	・戦後70年「慰霊の旅」で、東京都慰霊堂をご訪問（墨田区）。
		06月10日	・「第45回戦没・殉職船員追悼式」にご出席（神奈川県立観音崎公園・戦没船員の碑）。
		06月17日	・「北のパラオ」宮城県北原尾地区を視察
平成28年（2016）	82歳	01月26日	・フィリピン共和国マニラなど慰霊ご訪問
		08月08日	・「象徴としての務めについてのお言葉」ビデオ放映
		12月23日	・満83歳

the unity of the people, the Emperor needs to seek from the people their understanding on the role of the symbol of the State. I think that likewise, there is need for the Emperor to have a deep awareness of his own role as the Emperor, deep understanding of the people, and willingness to nurture within himself the awareness of being with the people.

⑤In this regard, I have felt that my travels to various places throughout Japan, in particular, to remote places and islands, are important acts of the Emperor as the symbol of the State and I have carried them out in that spirit. In my travels throughout the country, which I have made together with the Empress, including the time when I was Crown Prince, I was made aware that wherever I went there were thousands of citizens who love their local community and with quiet dedication continue to support their community. With this awareness I was able to carry out the most important duties of the Emperor, to always think of the people and pray for the people, with deep respect and love for the people. That, I feel, has been a great blessing.

⑥In coping with the aging of the Emperor, I think it is not possible to continue reducing perpetually the Emperor's acts in matters of state and his duties as the symbol of the State. A Regency may be established to act in the place of the Emperor when the Emperor cannot fulfill his duties for reasons such as he is not yet of age or he is seriously ill. Even in such cases, however, it does not change the fact that the Emperor continues to be the Emperor till the end of his life, even though he is unable to fully carry out his duties as the Emperor.

⑦When the Emperor has ill health and his condition becomes serious, I am concerned that, as we have seen in the past, society comes to a standstill and people's lives are impacted in various ways. The practice in the Imperial Family has been that the death of the Emperor called for events of heavy mourning, continuing every day for two months, followed by funeral events which continue for one year. These various events occur simultaneously with events related to the new era, placing a very heavy strain on those involved in the events, in particular, the family left behind. It occurs to me from time to time to wonder whether it is possible to prevent such a situation.

⑧As I said in the beginning, under the Constitution, the Emperor does not have powers related to government. Even under such circumstances, it is my hope that by thoroughly reflecting on our country's long history of emperors, the Imperial Family can continue to be with the people at all times and can work together with the people to build the future of our country, and that the duties of the Emperor as the symbol of the State can continue steadily without a break. With this earnest wish, I have decided to make my thoughts known.

I sincerely hope for your understanding.

宮内庁（Imperial Household Agency）ホームページ（http://www.kunaicho.go.jp/）より適宜改行して、番号を加えた

付三　英訳「天皇陛下のお言葉」

Message from His Majesty The Emperor

August 8, 2016(HEISEI28)

①A major milestone year marking the 70th anniversary of the end of World War II has passed, and in two years we will be welcoming the 30th year of Heisei.

As I am now more than 80 years old and there are times when I feel various constraints such as in my physical fitness, in the last few years I have started to reflect on my years as the Emperor, and contemplate on my role and my duties as the Emperor in the days to come.

As we are in the midst of a rapidly aging society, I would like to talk to you today about what would be a desirable role of the Emperor in a time when the Emperor, too, becomes advanced in age. While, being in the position of the Emperor, I must refrain from making any specific comments on the existing Imperial system, I would like to tell you what I, as an individual, have been thinking about.

②Ever since my accession to the throne, I have carried out the acts of the Emperor in matters of state, and at the same time I have spent my days searching for and contemplating on what is the desirable role of the Emperor, who is designated to be the symbol of the State by the Constitution of Japan. As one who has inherited a long tradition, I have always felt a deep sense of responsibility to protect this tradition. At the same time, in a nation and in a world which are constantly changing, I have continued to think to this day about how the Japanese Imperial Family can put its traditions to good use in the present age and be an active and inherent part of society, responding to the expectations of the people.

③It was some years ago, after my two surgeries that I began to feel a decline in my fitness level because of my advancing age, and I started to think about the pending future, how I should conduct myself should it become difficult for me to carry out my heavy duties in the way I have been doing, and what would be best for the country, for the people, and also for the Imperial Family members who will follow after me. I am already 80 years old, and fortunately I am now in good health. However, when I consider that my fitness level is gradually declining, I am worried that it may become difficult for me to carry out my duties as the symbol of the State with my whole being as I have done until now.

④I ascended to the throne approximately 28 years ago, and during these years, I have spent my days together with the people of Japan, sharing much of the joys as well as the sorrows that have happened in our country. I have considered that the first and foremost duty of the Emperor is to pray for peace and happiness of all the people. At the same time, I also believe that in some cases it is essential to stand by the people, listen to their voices, and be close to them in their thoughts. In order to carry out the duties of the Emperor as the symbol of the State and as a symbol of

図版一覧

あとがき

人生には、思いもよらぬ出会いに恵まれることがあります。長らく平安時代の宮廷社会における文人官吏や儀式行事の研究を続けてきた私が、不思議な縁で近現代の皇室史に関心を深めたのは、約30年前、昭和の終わりころからです。

とくに平成10年（1998）、生年月日が全く同じ高橋紘《ひろし》氏から頼まれて、文春新書第1号の『皇位継承』を分担執筆しました。ついで同17年（2005）、「皇室典範に関する有識者会議」で公述を求められ、関連の論考を纏めてPHP新書から『皇位継承のあり方』を出版しました。さらに同24年、再び開かれた皇室制度の会議でヒアリングに招かれ、同じように関連の論考を纏め、勉誠出版から『皇室典範と女性宮家』を刊行しました。

その上、このたびは、本年8月8日、今上陛下の「お言葉」が放映された直後、ベストセラーズの山内菜穂子さんから速達が届き、いわゆる生前退位の真相がよくわかる本を出したいので、早急に書き下してほしい、と要請を受けました。

しかし、まだ議論が始まったばかりですから、成り行きを見届ける必要があると考え、少し躊躇していたところ、内閣で「天皇の公務の負担軽減等に関する有識者会議」が立ち上がり、私も第一回ヒアリングに公述を依頼されました。

そこで、そのために準備をしながら、連日連夜この原稿執筆に取り組み、11月初めまでに何とか書き上げました。その入力データに少し手を入れたものが本書です。もっと広く調べ深く考えて、より充実したものにしたかったのですが、むしろこれを早く出してもらうことに意味があると思い至りました。

なぜなら、8月の「お言葉」は、今上陛下が熟慮の末に公表された「みことのり」ですから、それを謹んで承り（聖徳太子の十七条憲法にいう「承詔必謹」です）、その御意思に沿った対応策が直ちに出来るだろう、と楽観していました。ところが、ヒアリングなどでは、むしろ御意向に反するような異論が続出しています。

もちろん、言論は自由であり、多様な意見が出るのは良いことかも知れません。しかし、陛下の「お言葉」を真摯に受け止めれば、すみやかに常識的な法整備を実現するのが当然だ、と私には思われます。

この小著は、その論拠を可能な限り正確にわかりやすく提示しようとしたものです。どうか皇室の歴史と現実を直視して、その永続を可能とする道筋を拓くために、これが少しでも役立てばと念じてやみません。

末筆ながら、本書の編集に誠心誠意ご尽力くださった山内菜穂子さんと、校正などに協力されたモラロジー研究所の久禮旦雄研究員、および文中に引用した論著の先学たちに、あわせて感謝の意を表します。他にも参照した文献は、限りがありませんので、一切省略しましたことを、お詫び申し上げます。

なお、今日（12月12日）で満75歳になる私を、丈夫な体に育て好きな学問の道に進ませてくれた母（9年前に91歳で他界）の霊前に、本書を供えたいと思っています。

平成28年（２０１６）師走　小田原の国府津《こうづ》にて

所　功

所　功（ところ・いさお）

昭和16年（1941）12月岐阜県出身。名古屋大学史学科・同大学院修士課程卒業。皇學館大学助教授・文部省教科書調査官を経て同56年（1981）より京都産業大学教授。法学博士（慶應義塾大学、日本法制文化史）。平成24年（2012）より京都産業大学名誉教授、モラロジー研究所教授。主な著書に『皇室典範と女性宮家』『伊勢神宮と日本文化』（勉誠出版）、『皇位継承のあり方』（PHP新書）、『天皇の「まつりごと」』（NHK新書）、『歴代天皇の実像』『皇室に学ぶ徳育』（モラロジー研究所）代表編著に『皇室事典』（角川学芸出版）、『日本年号史大事典』（雄山閣）など。ホームページ「かんせいPLAZA」http://tokoroisao.jp

象徴天皇《しょうちょうてんのう》「高齢譲位《こうれいじょうい》」の真相《しんそう》

二〇一七年一月二十日　初版第一刷発行

著者◎所《ところ》　功《いさお》

発行者◎栗原武夫
発行所◎KKベストセラーズ
東京都豊島区南大塚二丁目二九番七号　〒170-8457
電話　03-5976-9121（代表）
装幀フォーマット◎坂川事務所
印刷所◎近代美術
製本所◎積信堂

ISBN978-4-584-12541-0 C0295